프랑스의 킬리안 음바페가 2022년 12월 18일 카타르 루사일 스타디움에서 열린 2022 FIFA 월드컵 결승전인 아르헨티나와 프랑스의 경기에서, 아르헨티나의 엔소 페르난데스를 상대로 슛을 시도하고 있다.

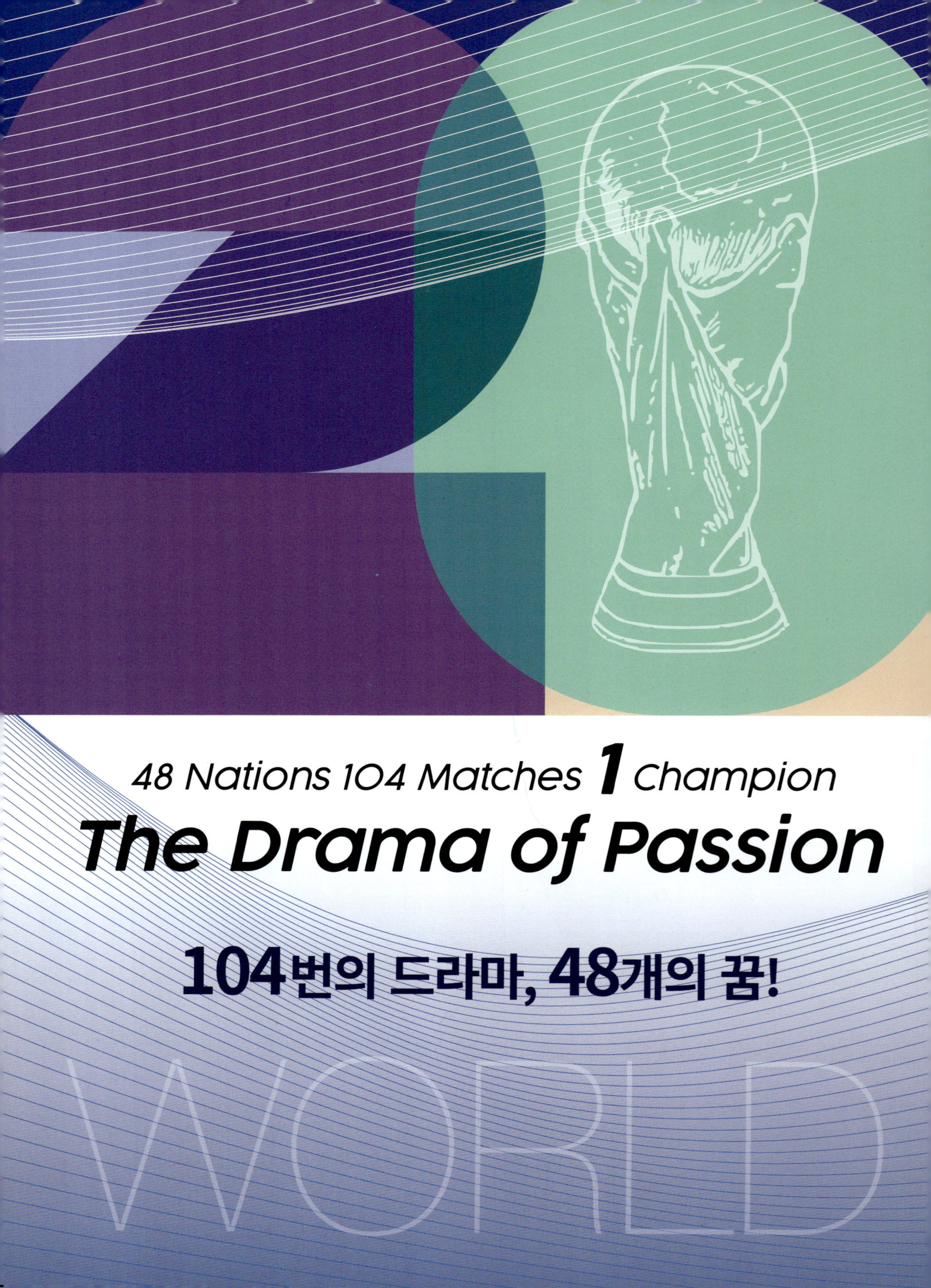
48 Nations 104 Matches 1 Champion
The Drama of Passion
104번의 드라마, 48개의 꿈!
WORLD

Contents

The World's Biggest Stage
USA·Canada·Mexico 2026

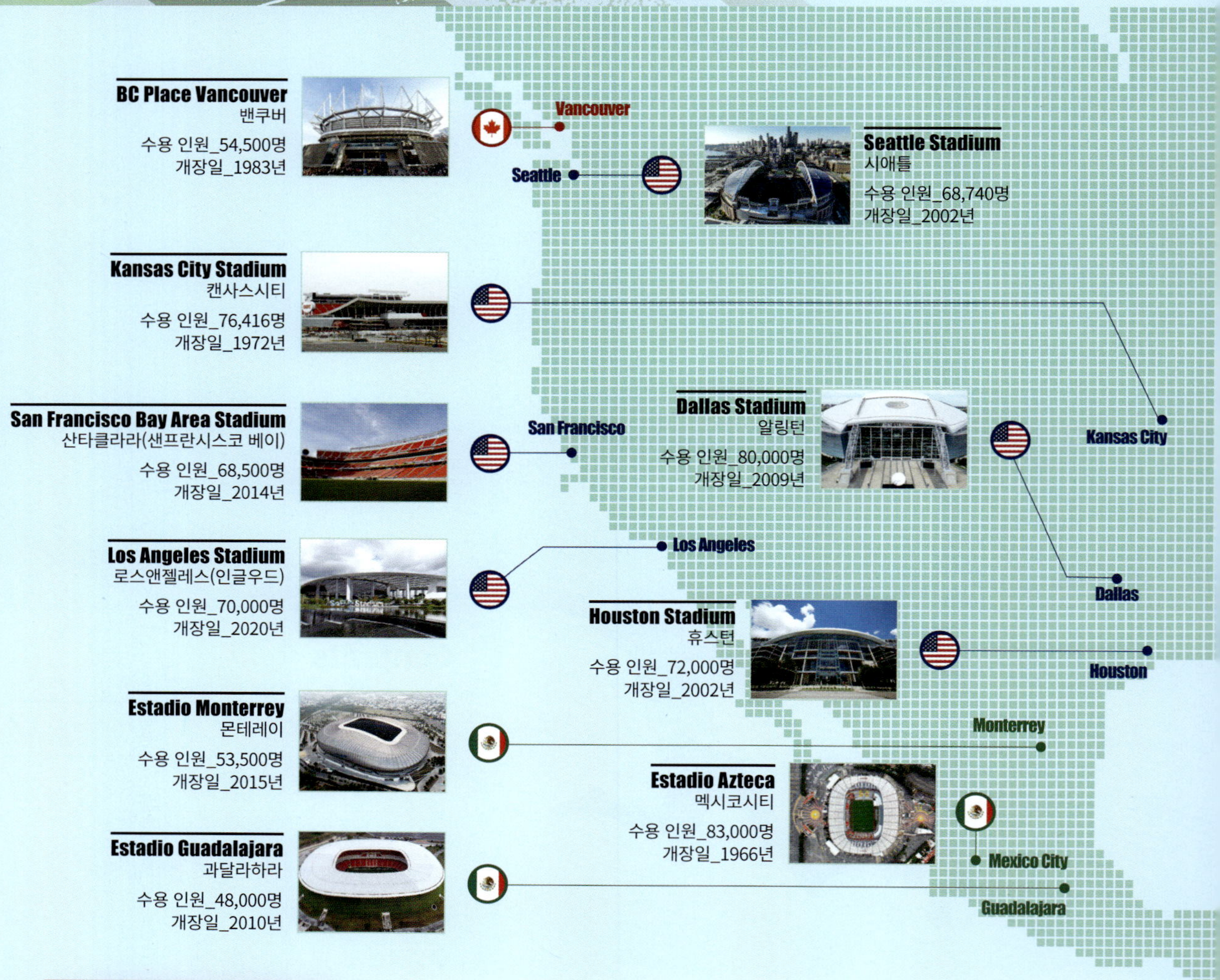

BC Place Vancouver
밴쿠버
수용 인원_54,500명
개장일_1983년

Seattle Stadium
시애틀
수용 인원_68,740명
개장일_2002년

Kansas City Stadium
캔사스시티
수용 인원_76,416명
개장일_1972년

San Francisco Bay Area Stadium
산타클라라(샌프란시스코 베이)
수용 인원_68,500명
개장일_2014년

Dallas Stadium
알링턴
수용 인원_80,000명
개장일_2009년

Los Angeles Stadium
로스앤젤레스(인글우드)
수용 인원_70,000명
개장일_2020년

Houston Stadium
휴스턴
수용 인원_72,000명
개장일_2002년

Estadio Monterrey
몬테레이
수용 인원_53,500명
개장일_2015년

Estadio Azteca
멕시코시티
수용 인원_83,000명
개장일_1966년

Estadio Guadalajara
과달라하라
수용 인원_48,000명
개장일_2010년

Vancouver · Seattle · San Francisco · Los Angeles · Kansas City · Dallas · Houston · Monterrey · Mexico City · Guadalajara

02

캐나다, 밴쿠버
BC Place Vancouver

BC 플레이스 밴쿠버는 완공된 지 40년이 지났음에도 여전히 완성도 높은 건축물로 평가받는 경기장이다. 2010 동계올림픽 이후 세계 최초의 대형 돔 구조로 대대적인 개보수를 거쳐 현대적인 모습으로 탈바꿈했다. BC Place는 단순한 경기장이 아니라 벤쿠버의 상징물이라 할 수 있다. 현재는 캐나다 MLS 구단이자 과거 이영표와 황인범이 활약했던 밴쿠버 화이트캡스의 홈구장으로 사용되고 있다. 이곳에서 열린 가장 역사적인 경기는 2015년 캐나다 여자 월드컵 결승전이다. 당시 미국은 칼리 로이드가 해트트릭을 기록하며 일본을 5-2로 꺾고 여자 월드컵 정상에 올랐다. 5만 4,000명을 수용하는 이 구장은 이번 월드컵에서 조별리그 5경기와 32강 1경기, 그리고 16강 1경기를 치를 예정이다.

미국, 뉴욕/뉴저지
New York/New Jersey Stadium
⚽ **결승전**

2010년 개장한 뉴욕/뉴저지 스타디움은 NFL 구단인 뉴욕 자이언츠와 뉴욕 제츠의 홈구장으로 정식 명칭은 Metlife Stadium이다. 뉴욕시에서 약 8km 떨어진 곳에 있다. 2016년에는 아르헨티나와 칠레가 맞붙은 코파 아메리카 센테나리오 결승전이 열린 장소로, 리오넬 메시가 승부차기에서 페널티킥을 실축하며 준우승에 그친 뒤, 돌연 국가대표 은퇴를 선언해 큰 화제를 모았다. 이 스타디움은 세계적인 아티스트들의 공연 무대가 되었으며, 특히 방탄소년단이 한국 아티스트 최초로 단독 콘서트를 개최해 의미를 더했다. 8만 2,500명을 수용하는 초대형 구장인 뉴욕/뉴저지 스타디움은 이번 월드컵에서 조별리그 5경기와 32강 1경기, 16강 1경기, 그리고 결승전까지 총 8경기를 치르며 대회의 중심 무대 역할을 하게 된다.

Toronto Stadium
토론토
수용 인원_45,736명
개장일_2007년

Boston Stadium
보스턴(폭스버러)
수용 인원_64,628명
개장일_2002년

New York/New Jersey Stadium
이스트 러더퍼드
수용 인원_82,500명
개장일_2010년

Philadelphia Stadium
필라델피아
수용 인원_69,000명
개장일_2003년

Atlanta Stadium
아틀란타
수용 인원_71,000명
개장일_2017년

Miami Stadium
마이애미
수용 인원_65,000명
개장일_1987년

멕시코, 멕시코 시티
Estadio Azteca
Mexico City
⚽ **개막전**

에스타디오 아스테카는 1966년 멕시코시티에 완공된 역사적인 경기장으로, 축구사에 굵직한 족적을 남겼다. 1970년 월드컵 결승전에서는 펠레가 세 번째이자 마지막 월드컵 우승 트로피를 들어 올렸고, 1986년 결승전에서는 디에고 마라도나가 대관식을 치르며 축구의 전설로 자리매김했다. 이처럼 에스타디오 아스테카는 펠레와 마라도나의 성지이자, 세계 축구사의 명장면들이 탄생한 곳이기도 하다. 현재 멕시코 대표팀의 홈구장이자 클루브 아메리카와 크루스 아술의 홈으로도 사용되고 있다. 8만 3,000명을 수용할 수 있는 이곳은 이번 북중미 월드컵에서도 최대 규모의 관중석을 자랑하며, 조별리그 3경기와 32강 1경기, 그리고 16강 1경기를 소화할 예정이다.

최초의 3개국 공동 개최 월드컵

2026년 북중미 월드컵은 역대 23번째 월드컵으로 2002년 한일 월드컵에 이어 24년 만에 열리는
두 번째 공동 개최 월드컵이자 월드컵 최초의 3개국 공동 개최 월드컵이다.

특징

2026 월드컵, 역사를 새로 쓰다!

〈2026년 북중미 월드컵〉은 미국·캐나다·멕시코 3개국 공동 개최로 펼쳐진다. 멕시코는 1970년과 1986
년에 이어 세 번째, 미국은 1994년에 이어 두 번째 개최이며, 캐나다는 사상 처음으로 월드컵 무대를 유
치한다. 북중미 대륙 전역에 걸친 첫 번째 공동 개최라는 점에서 의미가 크다.
이번 월드컵은 총 16개 도시에서 열린다. 이 중 미국이 11개 도시(뉴욕/뉴저지, 로스앤젤레스, 샌프란시
스코, 댈러스, 휴스턴, 캔자스시티, 애틀랜타, 필라델피아, 시애틀, 보스턴, 마이애미)에서, 멕시코는 멕
시코시티, 몬테레이, 과달라하라, 캐나다는 밴쿠버외 토론토에서 경기를 치른다. 광활한 지역에 걸친 만
큼 FIFA는 이동 거리와 시차, 선수들의 불편을 최소화하기 위해 조별리그를 서부·중부·동부 3개 권역으
로 나누어 배정할 예정이다.

무엇보다 이번 대회의 가장 큰 특징은 참가국 확대다. 기존 32개국 체제에서 48개국 체제로 늘어나며
사상 최대 규모의 월드컵이 된다. 더 많은 나라가 본선 무대를 밟게 되면서 아시아·아프리카·북중미 등
신흥 축구 지역의 경쟁력이 강화될 전망이다. 특히 오세아니아는 처음으로 본선 직행 티켓을 확보했다.
그동안 예선 우승팀은 대륙 간 플레이오프를 거쳐야 했지만 이제는 예선 성적만으로 본선 진출이 가능
하다. 뉴질랜드가 이 혜택을 받아 대회의 다양성을 실현했다.

대회 방식도 크게 바뀐다. 기존에는 4개국씩 8개 조에서 조별리그를 치르고 각 조 상위 2팀이 16강에
진출했지만, 이번에는 4개국씩 12개 조로 편성된다. 각 조 1·2위가 자동으로 32강에 오르고, 조 3위 중
성적이 좋은 8개 팀이 합류한다. 이렇게 완성된 32강 토너먼트는 지금까지 없던 규모로 치러지며, 전체
경기 수도 64경기에서 104경기로 대폭 늘어난다. 대회 기간 또한 기존 한 달에서 5주 이상으로 확대돼,
2026년 월드컵은 6월 11일 개막해 7월 19일 결승전으로 막을 내린다.

이번 월드컵의 변화는 단순한 규모 확장을 넘어 축구의 세계화 전략과 직결된다. FIFA는 더 많은 국가와
팬들이 월드컵의 주인공이 되기를 바라며, 시장 확대와 흥행성을 동시에 추구한다. 미국과 캐나다, 멕시
코는 대규모 인프라와 경제력을 기반으로 사상 최대 규모의 관중과 글로벌 팬층을 수용할 준비를 하고
있다. 경기장 현대화, 교통망 확충, 숙박 인프라 확장 등은 개최국 경제에도 막대한 파급 효과를 미칠 전
망이다. 축구 팬들에게 〈2026년 북중미 월드컵〉은 단순한 스포츠 이벤트를 넘어선 축제다. 북중미 대
륙에서 몰려드는 팬들이 광대한 미국 대도시와 전통의 멕시코, 그리고 새로운 개최지 캐나다에서 열정
을 공유하게 된다. 더 많은 나라가 참가하면서 이변과 새로운 스타 탄생의 가능성도 커졌다.

마이애미 스타디움

2026년 여름, 북중미 대륙은 그 어느 때보다 뜨겁고 긴 여정을 맞이한다. 사상 최초 48개국, 3개국 공동
개최, 104경기라는 전례 없는 기록을 쓰게 될 이번 대회는 월드컵 역사의 새로운 장을 열 것이다. 축구
팬이라면 누구도 놓칠 수 없는 지구촌 축제가 다가오고 있다.

새로운 스타와 드라마, 예측 불가의 축제

〈2026년 북중미 월드컵〉은 축구 역사상 가장 흥미진진한 대회가 될 것으로 기대된다. 대회가 48개국 체제로 확대되면서 경기 수가 늘어났고, 더 많은 나라들이 본선 무대에 오르는 만큼 예상치 못한 드라마와 감동이 펼쳐질 가능성이 크다. 축구 변방 국가들의 약진과 새로운 스타들의 등장이 기대되는 이유다. 또한 미국, 캐나다, 멕시코의 3개국 공동 개최는 북중미 대륙의 문화적 다양성을 경험할 수 있는 절호의 기회다. 미국의 막강한 상업적 역량, 멕시코의 뜨거운 축구 열기, 캐나다의 수려한 자연 경관이 어우러져 각기 다른 개성을 드러낼 것으로 보인다. 열정적인 팬들의 응원 속에 펼쳐질 경기들은 벌써부터 전 세계 축구팬들의 기대를 모으고 있다. 무엇보다 한국 축구팬들에게 다행인 것은 거의 실시간으로 경기를 관람하기 좋은 조건(한국 시간 오전)이라는 점이다. 2026년 여름, 북중미에서 열릴 이 거대한 지구촌 축제가 과연 어떤 감동을 선사할지 벌써부터 가슴이 뛴다.

광활한 대륙, 극복해야 할 도전 과제들

이번 북중미 월드컵은 기대만큼이나 우려도 크다. 개최국이 미국·캐나다·멕시코 3개국으로 늘어난 데다, 참가국 역시 48개국으로 확대되면서 대회 전체 경기 수도 40경기가 증가했다. 특히 미국은 유럽 대륙 전체에 맞먹을 정도로 광활하고, 캐나다와 멕시코 역시 면적이 넓어 이동 거리가 길어질 수밖에 없다. 이는 선수들의 컨디션 관리를 어렵게 만들고, 팬들의 관람 비용 부담도 크게 증가시킬 것이다. 여기에 동부와 서부 간 시차만 해도 3시간에 달한다. 또한 더위도 변수다. 1994년 미국 월드컵 당시 많은 선수들이 체력 고갈을 호소한 사례가 여전히 회자된다. 이런 환경적 요인들은 선수들의 피로도를 높이고, 경기력 저하와 부상 위험 증가로 이어질 가능성이 크다. 대회의 질적 수준에 대한 우려도 존재한다. 48개국 체제에서는 조별리그 3위 팀도 와일드카드로 토너먼트에 오를 수 있는 만큼, 조별리그 경기의 긴장감과 수준이 떨어질 수 있다는 지적이 나온다.

로스앤젤레스 스타디움

토론토 스타디움

시애틀 스타디움

WORLD CUP

2026을 지배할 **9**개 팀

그들의
전략과 전술

STRATEGY

Republic of Korea

홍명보 호의 실리 추구
사상 첫 원정 월드컵 8강 도전!

23번째 월드컵인 북중미 월드컵에서 대한민국 대표팀은 이번에도 월드컵 아시아 지역 예선을 통과하며 11회 연속 월드컵 본선 진출에 성공했다. 이는 브라질(23회 전 대회 본선 참가)과 독일(18회), 아르헨티나(14회), 이탈리아(14회)에 이어 여섯 번째에 해당하는 대기록이다.(스페인은 12회 본선 진출이나 연속이 아님.) 그동안 대한민국 대표팀의 월드컵 최고 성적은 2002년 한일 월드컵에서의 준결승이다. 이는 자국에서 개최한 월드컵이 이룬 성과였고, 원정 월드컵 최고 성적은 2010년 남아공 월드컵과 지난 2022년 카타르 월드컵에서 기록한 16강이 전부다. 그러하기에 홍명보 감독은 이번 북중미 월드컵 목표를 대한민국 최초 원정 월드컵 8강을 내세우고 있다.

감독 명예 회복에 나서는 홍명보

선수 시절 아시아 최고의 센터백으로 명성을 떨친 그는 특히 2002년 한일 월드컵 당시 월드컵 4강 신화를 이끌며 전국민의 사랑을 받았다. 은퇴 후에는 딕 아드보카트 감독 아래에서 대표팀 코치직을 수행했고, 2008년 20세 이하 대표팀 감독에 취임해 이듬해 U-20 월드컵 8강 진출을 견인했다. 이어 올림픽 대표팀 감독으로 2012년 런던 올림픽에서 동메달 신화를 만들어냈다. 그러나 2013년 성인 대표팀 지휘봉을 잡은 뒤 치른 2014년 브라질 월드컵에서는 1무 2패로 조별리그 탈락과 함께 첫 번째 실패를 맛봤다. 이후 중국 항저우 뤼청 감독을 거쳐 대한축구협회 전무이사로 강력한 리더십을 발휘하며 2022년 카타르 월드컵 16강 진출을 뒷받침했다. 울산 HD 감독으로서도 K리그 2연패를 달성한 그는, 논란 속에 다시 대표팀 지휘봉을 잡아 지도자로서 두 번째 월드컵 무대에 도전한다.

수비 밸런스 잡는 실리적인 축구

홍명보 감독은 월드컵 아시아 지역 예선 내내 수비형 미드필더 박용우를 배치한 4-2-3-1 포메이션을 가동했다. 월드컵 본선 진출을 확정 지은 뒤 치른 쿠웨이트와의 예선 최종전에서는 박용우 대신 또 다른 수비형 미드필더인 원두재를 선발로 내세웠다. 또한 대다수 경기에서 최전방에는 장신 타깃형 공격수 오세훈과 주민규를 번갈아 기용했다. 이러한 선발 구성은 홍명보 감독이 수비 밸런스를 중시하고, 크로스와 롱볼을 적극 활용하는 실리적인 축구를 추구한다는 점에 기인한다. 아울러 홍 감독은 쿠웨이트와의 예선 최종전에서 후반 교체를 통해 스리백 전술을 실험했고, 이어 열린 동아시아컵에서도 스리백으로 세 경기를 모두 치르며 월드컵 본선에서의 스리백 전환 가능성을 내비쳤다. 본선에서는 강팀들을 상대해야 하는 만큼 수비 숫자를 하나 더 늘려 수비 밸런스를 강화하려는 포석으로 풀이된다. 다만 현재 대한민국 대표팀에는 뛰어난 2선 공격 자원들(좌우 측면 공격수와 중앙 공격형 미드필더)이 많다는 점을 감안하면, 스리백 전환은 곧 수비수를 한 명 더 투입하는 대신 2선 공격 자원을 하나 줄여야 하는 문제로 이어질 수 있다. 이는 월드컵 예선 10경기 중 6경기에서 실점했던 수비 불안을 일정 부분 보완할 수는 있지만, 동시에 강점인 2선 공격력의 약화를 불러올 수 있는 양날의 칼이 될 가능성이 있다. 감독의 전술이 어떻게 펼쳐질지 궁금하다.

▼ 대한민국 vs 오만 - FIFA 월드컵 아시아 3차 예선(2025년 3월 20일)

▲ 대한민국과 쿠웨이트의 경기에서 대한민국의 손흥민(오른쪽)이 쿠웨이트의 모바라크 알파니니(왼쪽)를 상대로 볼을 컨트롤하고 있다.

화려한 2선 공격
but 황인범 파트너 부재

현재 대한민국은 30명이 넘는 선수가 유럽 리그에서 활약할 정도로 유럽 진출 호황기를 맞고 있다. 공격진은 최전방 원톱 자리에 장신 공격수 오세훈과 주민규가 번갈아 기용되고, 오현규가 슈퍼 조커로 활용된다. 카타르 월드컵 16강 당시 주전 스트라이커였던 조규성도 장기 부상에서 복귀해 전력에 힘을 보탠다. 2선 공격진은 주장 손흥민을 중심으로 이재성, 황희찬, 이강인, 배준호, 양현준, 정우영 등 유럽파 자원이 즐비하다. 또한 양민혁, 윤도영, 박승수 같은 10대 유망주들도 꾸준히 성장하고 있다. 중원은 황인범이 중심을 잡고 있으며, 그의 파트너 자리를 놓고 치열한 경쟁이 이어지고 있다. 홍명보 감독은 주로 박용우를 중용했으나 부족하다는 평가가 많아 대체자를 찾는 것이 관건이다. 백승호가 소속팀 버밍엄 시티에서 좋은 모습을 보이고 있고, 여기에 독일 21세 이하 대표팀 출신 미드필더 옌스 카스트로프가 대한축구협회로 적을 옮기며 태극전사 승선을 노리고 있다. 수비에서는 김민재의 센터백 파트너로 조유민이 주로 기용되고 있으나, 덴마크 미트윌란에서 활약 중인 이한범이 새로운 대안으로 떠오르고 있다. 또 다른 어린 센터백 김지수도 카이저슬라우턴 임대를 통해 대표팀 센터백 경쟁 구도에 뛰어들고 있다. 좌우 풀백 자리에는 이태석과 설영우가 낙점받았다. 골문은 조현우가 지키며 수비 라인의 최후 보루 역할을 하고 있다.

실전 감각 유지 및
강팀 상대 담금질 필수

유럽 진출 선수의 숫자는 그 어느 때보다 많지만, 팀 내 입지가 그리 탄탄하지 못한 선수들도 많다. 핵심 수비수 김민재는 바이에른 뮌헨에서 요나탄 타와 치열한 주전 경쟁을 벌이고 있으며, 이강인 역시 파리 생제르맹의 쟁쟁한 선수들 사이에서 입지가 줄어들며 지난 시즌 후반기부터 출전 시간이 감소하고 있다. 황희찬은 잦은 부상으로 주전 경쟁에서 밀려 이적을 모색하는 상황이다. 한편, 주장 손흥민은 10년간의 토트넘 생활을 마무리하고 미국 메이저리그사커(MLS)로 이적해 도전을 이어가고 있는 중이다. 황인범은 확실한 중원 파트너를 찾는 것이 월드컵 본선 이전까지 반드시 해결해야 할 과제로 남아 있다. 홍명보 감독 부임 이후 한국은 FIFA 랭킹 상위권 팀을 상대할 기회가 없었다. 월드컵 본선에서 강호들과 맞붙어야 하는 만큼, 앞으로의 평가전을 통해 강팀을 상대로 한 전술적 완성도를 높이는 것이 무엇보다 중요하다.

▼ 대한민국의 황인범이 쿠웨이트의 탈랄 알카이시를 상대로 볼을 컨트롤하고 있다.

England

우승 열망 가득한 축구 종가
전력은 충분하다

잉글랜드는 '축구 종가'의 높은 자존심으로 유명한 국가다. 그러나 그에 비해 우승 실적은 초라하기만 하다. 1966년 자국에서 개최한 대회에서 유일하게 월드컵 우승을 이뤄냈고, 유로에서는 2020년과 2024년 두 대회 연속으로 결승까지 올랐지만 한 번도 정상을 밟아보지는 못했다. 21세기에 들어 많은 자본이 자국 리그에 몰려든 결과, 프리미어 리그가 최고의 위상을 누리게 되면서 이와 대조되는 대표팀의 행보는 한동안 많은 비판을 받았다. 그렇지만 꾸준한 투자의 결과로 잉글랜드 역시 기술적으로 뛰어난 동시에 전술 이해도가 높은 선수들을 배출하기 시작했고, 최근 들어 메이저 대회의 우승 후보 전력으로 평가받고 있다. 2025년 1월부로 역대 세 번째 외국인 감독인 토마스 투헬이 부임해 월드컵 우승을 향한 프로젝트에 시동을 걸었다.

감독 ▶ 투헬 – 검증된 지략가, 관건은 선수 관리

투헬은 25세의 젊은 나이에 부상으로 선수 생활이 좌절됐음에도 축구에 대한 열정을 꺾지 않고 일찌감치 지도자 변신에 성공한 감독이다. 그 과정에는 철저한 연구와 분석이 있었다. 특히 상대 팀 맞춤 전술을 선수들이 이해하기 쉽게 전달하는 데 탁월한 능력을 발휘한다. 마인츠, 도르트문트, 파리 생제르맹(PSG), 첼시, 바이에른 뮌헨에서 지도하며 매번 일정 수준 이상의 성과를 거뒀고, 특정한 포메이션에 구애되지 않고 언제든 변형을 시도하며 다양한 공간의 필드와 공을 활용하는 등, 창의적인 훈련 방법으로 또한 유명하다. 그러나 다혈질 성격과 거침없는 언행 탓에 관계자 및 선수들과 마찰을 일으키기도 하는데, 재능이 뛰어나고 개성이 강한 잉글랜드 젊은 선수들과 투헬의 만남이 최고의 케미를 발휘할지 아니면 악연이 될지는 미지수다.

▲ 잉글랜드 vs 안도라 – 2026 FIFA 월드컵 예선(2025년 9월 6일)

우승 청부사? 투헬도 대표팀은 처음

잉글랜드는 2018년부터 2024년까지 가레스 사우스게이트 감독과 6년이라는 긴 시간을 함께하며 월드컵 준결승과 유로 결승에 진출하는 성과를 거뒀다. 그러나 사우스게이트는 너무 안정만을 추구한 나머지 공격적인 결단이 필요한 상황에서 별다른 대처를 하지 못했고, 이 약점을 극복하지 못한 채 우승에서 한 걸음 부족한 결말을 맞이하고 말았다. 투헬은 사우스게이트의 단점을 극복하는 것에 초점을 맞춘 선임으로 보인다. 전술적인 유연성과 대응 능력이 뛰어난 외국인 감독과 18개월의 단기 계약을 체결해 월드컵 우승을 노리는 것이다. 문제는 투헬도 대표팀 지휘는 이번이 처음이라는 점이다. 첫 대표팀 소집 전 55명의 선수에게 연락하는 등 많은 노력을 기울였다고는 하지만, 계약 기간의 1/3 이상이 지난 시점까지 네 경기를 치렀고 그사이에 보여준 선수 선발은 다소 의문을 남겼다. 이제 월드컵 본선까지 얼마 남지 않은 시점에서 선수 명단을 압축하고 자신의 색깔을 팀에 입히기에는 촉박한 시간이기 때문에, 전술의 완성도와 실용적인 축구 사이에서 최선의 선택을 내려야 한다. 포메이션은 주축 선수들에게 익숙한 4-2-3-1을 주로 활용할 가능성이 큰데, 이는 투헬이 바이에른 뮌헨에서도 사용한 바 있다. 바이에른에서는 측면 공략을 강조한 반면, 잉글랜드에서는 프리미어 리그의 특징에 맞는 역동적이고 직선적인 축구를 목표로 하고 있으나 핵심은 여전히 유연성이다.

충분한 특급 자원, 감독의 선택은?

잉글랜드는 '황금 세대'라고 해도 좋을 정도로 뛰어난 선수들을 보유하고 있다. 레알 마드리드에서 챔피언스리그 우승을 차지한 주드 벨링엄을 비롯해 아스널의 부카요 사카와 데클란 라이스, 첼시의 콜 파머, 맨체스터 시티의 필 포든, 크리스탈 팰리스에 FA컵 우승을 안긴 에베레치 에제까지. 공격 2선과 중원에서 언제든 경기 흐름을 바꿀 수 있는 20대 초중반 선수들이 포진해 최전방의 베테랑 공격수 해리 케인과 호흡을 맞춘다. 이렇듯 잉글랜드에 다양한 재능들이 포진한 상황에서 전술적으로 유연한 감독이 부임한 것은 기대되는 부분이다. 중요한 것은 이러한 재능들을 투헬 감독이 원하는 기준에 따라 하나의 팀으로 구성하는 일이다. 대표팀은 클럽팀과 비교해 훈련 시간이 압도적으로 부족해 팀을 만들어가는 과정을 신속하게 진행해야 한다. 만일 특정 선수들끼리 공존이 어렵다면 경쟁에서 밀려나는 선수는 과감하게 역할을 정리해줘야 하는데, 그 과정에는 충분한 의사소통이 필요하므로 투헬의 선수 관리와 언론 대처 능력이 시험대에 오를 것으로 보인다. 벌써 벨링엄의 태도를 공개적으로 문제 삼는 발언이 나온 것은 주의해야 할 부분이다. 수비진은 세대교체가 절실하지만, 다행히 자원은 충분하다. 노쇠한 카일 워커의 뒤에 리스 제임스와 트렌트 알렉산더-아놀드가 기다리고 있다. 센터백 포지션에도 리바이 콜윌, 마크 게히 등이 빠르게 성장하고 있다.

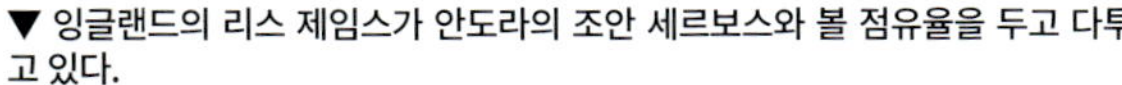
▼ 잉글랜드의 리스 제임스가 안도라의 조안 세르보스와 볼 점유율을 두고 다투고 있다.

▲ 세르비아와 잉글랜드의 2026 FIFA 월드컵 예선전 경기에서 승리한 후 동료 앤서니 고든과 함께 기뻐하고 있다.

밑그림 단계의 투헬 호 무한 경쟁이 펼쳐진다

잉글랜드는 투헬 감독과 함께 A매치 네 경기만을 치렀기에 팀의 구성은 아직 밑그림을 그리는 단계다. 따라서 2025-26 시즌 내내 대표팀 주전 경쟁이 이어질 전망인데, 4-2-3-1 포메이션을 기준으로 했을 때 공격 2선의 세 자리가 특히 치열한 경쟁으로 이목을 끌고 있다. 공격형 미드필더로 벨링엄, 파머, 에제 중 누구를 기용할지, 파머가 오른쪽에서 사카와 경쟁을 펼칠지, 포든이 부진에서 벗어날지 등 다양한 변수가 존재하는 가운데, 마커스 래시포드, 앤서니 고든, 노니 마두에케 등도 왼쪽 측면 자리를 노리고 있다. 중원에는 라이스의 파트너 후보가 여럿이며 벨링엄 또한 선택지가 될 수 있다. 수비진은 최신 전술에 맞는 선수들로 세대교체가 예상된다. 센터백은 공을 침착하게 다루는 기술과 빌드업 능력이, 풀백은 높은 전술 이해도가 필수다. 최전방은 케인, 골키퍼는 조던 픽포드로 아직은 구관을 신뢰하고 있다. 각 포지션에는 올리 왓킨스, 딘 헨더슨 등 든든한 백업 자원들도 충분하게 대기 중이다.

Spain

젊은 유망주들
세계 정복에 나서는 새로운 무적함대

스페인 월드컵 국가대표팀은 국내에서 '무적함대'로 불린다. 16세기 지중해와 대서양을 누비던 스페인 해군에서 따 온 이름이다. 스페인에서는 La Roja(빨강), La Furia Espanol(스페인의 분노), La Furia Roja(붉은 분노의 군단) 등의 애칭이 더 익숙하다. 유로 2008, 2010년 FIFA 월드컵, 유로 2012를 연달아 우승하며 국제 메이저 대회를 제패하면서 팀의 최전성기를 맞이했다. 이후 쇠퇴기를 걷는 듯하였으나, 2020년대로 들어서며 무적함대는 재출항을 알리고 있다. 페드리, 가비, 라민 야말, 니코 윌리암스 등 2000년대 출생 초신성들이 대거 승선했고, 새 선원과 함께 2022-23시즌 UEFA 네이션스리그, 유로 2024 우승을 차지했다. 이제는 유럽 무대를 넘어 세계 무대로 방향키를 돌리고 있다.

감독 루이스 데 라 푸엔테

데 라 푸엔테는 현역 시절 아틀레틱 빌바오, 세비야, 데포르티보 알라베스에서 수비수로 활약했고, 1994년 은퇴 후 지도자의 길을 걷고 있다. 아틀레틱 클럽의 유소년팀과 2군을 이끌었고 2011년에는 친정팀 데포르티보 알라베스의 지휘봉을 잡았으나 4개월 만에 실패를 맛봤다. 이후 2013년부터 스페인 연령별 대표팀을 이끌게 되어 U-19, U-21, U-23 팀을 맡았다. 2015 UEFA U-19 챔피언십, 2019 UEFA U-21 챔피언십 우승을 차지했고, 2021년에는 2020 도쿄 올림픽에서 은메달을 따는 쾌거를 이뤘다. 스페인 왕립축구연맹은 2022 카타르 월드컵 이후 루이스 엔리케 감독이 떠난 뒤, 데 라 푸엔테 감독에게 지휘봉을 맡겼다. 이후 2022-23시즌 네이션스리그, 유로 2024 우승을 이끌었다.

굿바이 '티키타카', 이제는 유연함도 가미한 무적함대

스페인은 이제 점유율을 중시한 '티키타카' 전술만을 고수하지 않는다. 스페인은 루이스 데 라 푸엔테 감독 체제 아래 현실적이고 균형 있는 모습을 갖추고 있다. 빠른 템포와 직선적인 전개, 그리고 상황에 따라 롱패스 빌드업과 선수의 개인 능력을 활용해 효율적인 공격을 선보이고 있다. 데 라 푸엔테 감독 아래 4-3-3 포메이션의 주무기는 라민 야말, 니코 윌리엄스로 이어지는 양 측면 공격수다. 스피드와 기술을 겸비한 두 공격수가 결과를 만든다. 최전방 공격수로는 미켈 오야르사발이 최근 주목받고 있다. '가짜 9번' 역할을 맡는 최전방 공격수는 주변 동료와의 연계에 힘을 쓴다. 상대 수비를 끌어당기면서 동료가 사용할 수 있는 공간을 만들기도 한다. 풀백들은 유연한 움직임을 통해 측면 공격수를 받쳐주면서, 미드필더처럼 움직이며 중원의 힘을 더해주기도 한다.

각 연령별 대표팀을 지휘하고 이제 A대표팀을 맡은 데 라 푸엔테 감독의 경력 또한 스페인을 더 강하게 만들고 있다. 2013~2021년까지 8년 동안 연령별 대표팀을 맡아 육성한 젊은 선수들이 이제는 기량이 향상된 전성기 나이에 접어들었다. 이전부터 맞춰 온 감독과 선수단의 합은 이제 절정에 이르렀다. 더불어 젊은 유망주들의 기용에도 거침이 없다. 라민 야말(2007년생), 니코 윌리엄스(2002년생) 외에도 딘 하우선(2005년생), 알렉스 바에나(2001년생) 등이 기대를 모으고 있다.

▼ 스페인 vs 터키 – 2026 FIFA 월드컵 예선(2025년 9월 7일)

▲ 스페인의 마르틴 주비멘디가 포르투갈과 스페인의 UEFA 네이션스리그 결승전에서 팀의 첫 골을 넣은 후, 팀 동료 니코 윌리암스와 함께 기뻐하고 있다.

'원투펀치' 니코와 야말…
방점을 찍을 최전방은?

스페인은 이제 확실한 공격진을 갖췄다. 라민 야말과 니코 윌리암스다. 야말은 2007년생 초신성이자 바르셀로나의 새로운 10번이다. '리오넬 메시의 후계자'라고도 불리는 야말은 10대라는 나이가 믿기지 않을 만큼 자신의 잠재력을 일찍 터뜨렸다. 니코는 2002년생이다. 야말이 기술에서 앞선다면, 니코는 스피드에 더 강점이 있다. 폭발적인 드리블은 상대 수비진을 휘청이게 만든다. 지난 시즌 다소 부침을 겪었으나 소속팀 아틀레틱 빌바오와 재계약을 체결했다. 오랜 시간 진통을 겪던 이적이 마침내 성사되며 니코는 날개를 달았다.

고민이 깊었던 최전방 자리는 미켈 오야르사발이 물오른 기량을 보여주고 있다. 연령별 대표팀에서 데 라 푸엔테 감독과 함께 호흡을 맞춰 온 미켈은 주전 경쟁에서 우위를 선점했다. 지난 시즌 소속팀 레알 소시에다드에서 53경기 18골 8도움으로 커리어 하이를 달성했다. 미드필더는 확고하다. 바르셀로나의 페드리, 맨체스터 시티의 로드리, 파리 생제르맹의 파비안 루이스가 버티고 있다. 세 선수를 선발 기용하는 데는 이견이 없을 것이다. 그 뒤에는 미켈 메리노, 마르틴 수비멘디, 가비, 알렉스 바에나 등이 기회를 엿보고 있다.

밸런스를 추구하는 전술인 만큼 후방에는 다소 변화가 있다. 풀백 한 자리는 마르크 쿠쿠레야지만, 반대편은 페드로 포로, 카르바할 등이 있다. 중앙 수비수 또한 딘 하위선, 라울 아센시오(이상 레알 마드리드) 등 어린 선수들이 등장하고 있다.

아쉬운 '백업 자원',
주전과 격차 줄여야만

〈2026 북중미 월드컵〉은 48개국으로 참가국이 늘어났다. 유럽은 기존 13장에서 16장으로 확대되었으며, 러시아를 제외한 총 54개국이 본선행을 가린다. 4개국 6개 조와 5개국 6개 조로 총 12조가 편성되며, 각 조 1위는 본선행을 확정하고 각 조 2위와 유럽축구연맹(UEFA) 네이션스리그 상위 4개국이 플레이오프를 통해 남은 본선 티켓 4장을 놓고 경쟁한다.

스페인은 튀르키예, 조지아, 불가리아와 함께 E조에 편성됐다. 전력상 1강이다. 하지만 방심은 금물. 언제나 복병으로 평가받는 튀르키예와 유로 2024에서 저력을 보인 조지아를 경계할 필요가 있다. 스페인의 월드컵 예선은 9월 A매치부터 시작된다. 데 라 푸엔테는 본선행까지 더 많은 공격진을 테스트해야 한다. 특히 양 측면 라민 야말과 니코 윌리암스의 마땅한 백업이 없다. 예리미 피노, 알렉스 바에나, 페란 토레스가 선택받고 있다. 주전과 백업의 격차를 줄일 필요가 있다.

▼ 스페인의 라민 야말이 프랑스의 아드리앙 라비오의 태클을 받고 있다.

Germany

부활의 서막 알리고
도약을 앞둔 전차군단

2014년 월드컵 우승, 유로 2016 4강 이후 독일 대표팀은 하락세 그 이상의 수렁에 빠져 있었다. 2018 월드컵에서는 64년 만에 조별리그 탈락이라는 수모를 맛봤다. 이어 유로 2020에서는 16강에서 탈락, 2022 월드컵에서는 또다시 조별리그에서 탈락했다. 2023년 9월 율리안 나겔스만 감독이 부임하고도 한동안 고전했으나 세대교체, 신인 발탁, 감독 본인의 각성이 맞물리며 유로 2024에서는 8강에 올랐다. 홈 이점이 있었다지만, 우승팀 스페인을 연장전까지 끌고 가며 괴롭혔고 5위라는 최종 성적을 기록했다. 이후 베테랑들이 대표팀을 떠났음에도 그 기세는 계속되고 있다. 2024-25 네이션스리그에서는 처음으로 4강에 올랐다. 젊고 역동적이면서 창조성도 갖춘 팀으로 거듭나며 자신감도 되찾은 만큼, 이번 월드컵에서는 과연 어떤 모습을 보일지 관심이다.

감독　최상위 레벨 감독임은 자명하다

율리안 나겔스만 감독은 선수로서는 1군 데뷔도 하기 전에 심각한 부상으로 만 21세에 은퇴했지만, 지도자로서 빠르게 성장하며 주목을 받았다. 호펜하임 1군 수석코치를 거쳐, 만 28세에 호펜하임 1군 감독에 부임했다. 선수들보다 어린 나이에도 불구하고 뛰어난 전술과 신기술을 도입한 훈련과 격의 없는 소통으로 좋은 성적을 냈고, 라이프치히를 거쳐 바이에른 뮌헨의 감독이 됐다. 다만 바이에른에서는 선수단 장악과 수뇌부와의 갈등 문제, 성적 부진 등으로 경질됐다. 적극적인 전술 변화와 선수 포지션 변경은 양날의 칼이기도 하다. 독일 대표팀 부임 후로는 여유로운 워라밸에 안정을 찾은 모습이다. 당초 유로 2024까지만 계약했으나 2026 월드컵, 유로 2028까지 두 차례 계약을 연장했다. 안정적 지휘의 기반도 마련된 셈이다. 38세의 젊은 나이, 역량 등에서 국가대표팀 감독으로는 이례적인 존재다.

▲ 독일 vs 북아일랜드 – 2026 FIFA 월드컵 예선(2025년 9월 7일)

트렌디한 감독과 선수 구성

워낙 다양한 전술을 다채롭게 구사하는 나겔스만 감독이지만 기본 골자는 4-2-3-1로 볼 수 있다. 최전방의 팀 클라인딘스트는 신장과 체격이 준수하고 전방 압박을 성실히 수행하며, 득점력도 준수하다. 2선은 자말 무시알라, 플로리안 비르츠 중심으로 돌아간다. 이 두 선수의 개인 기량과 연계, 스위칭 플레이는 대회 최고 수준이다. 여기에 카이 하베르츠가 압박, 연계, 스위칭, 최전방 가담 등 다양한 역할을 소화하며 이들을 받쳐줄 전망이다. 3선은 요슈아 키미히가 중심축 역할을 할 것이다. 그의 주도로 빌드업과 볼 배급이 전개된다. 그의 파트너는 상황에 따라 달라진다. 수비의 견고함을 우선하면 로베르트 안드리히, 공격을 우선하면 파스칼 그로스 등 여러 옵션이 있다.

골키퍼와 센터백들은 높은 라인에 위치하며 빌드업에도 적극 참여한다. 팀을 떠난 마누엘 노이어의 공백을 메꿀 스위퍼 키퍼, 발재간, 킥력 등 다재다능한 선수가 필요하다. 센터백 자원들도 체격, 스피드, 발기술 등을 고루 갖춰야 한다. 좌우 풀백은 상황에 따라 직선적으로 전진하면서, 인버티드 풀백으로서 중앙에 좁혀 들어와 빌드업 보조도 해야 한다.

한편 키미히 외에 라이트백이 마땅찮다는 점과 공격 전개 시 나겔스만 감독이 여러 구성의 변형 스리백을 활용하는 것은 물론이고, 아예 스리백으로 시작하기도 한다는 점을 간과할 수는 없다. 상황에 따라 공격적인 스리백 또는 원 볼란테까지 가동할 수도 있다.

불안 요소가 없지 않다

오랜 기간 노이어의 그늘에 가려져 있었지만, 골문은 일단 테어 슈테겐의 차지다. 기량, 스타일, 경험 등 가장 노이어에 가까운 선수다. 다만 부상, 폼, 소속팀의 입지가 변수다. 노이어의 하락세에도 자리를 뺏지 못했던 이유다. 센터백은 타, 뤼디거, 슐로터벡이 주전 경쟁을 벌일 전망이다. 이들에 비해 백업 자원들이 만족스럽지 않다. 왼쪽 풀백은 직선적인 라움과 인버티드 풀백도 되는 미텔슈테트의 경쟁 구도다. 전술적 요구나 폼에 따라 선택될 전망이다. 오른쪽 풀백은 주장 키미히 외에 마땅한 선수가 없다. 발 빠른 센터백이나 떠오르는 신예의 차지가 될 수도 있다. 2024 유로 이후 토니 크로스가 은퇴했을 때도, 소속팀에서 중원에 복귀한 지난 시즌 동안에도 마찬가지였다. 나겔스만 감독은 9월부터 키미히를 3선에 배치하겠다고 공언한 상태다.

체격과 수비의 안드리히, 다재다능한 그로스, 크로스의 후계자로 떠오르는 슈틸러, 체격과 볼 운반의 은메차 등이 키미히의 약점을 메워줄 파트너로 상황에 따라 선택받을 전망이다.

2선과 최전방은 앞서 언급한 선수들이 주전으로 유력하다. 하베르츠는 소속팀에서처럼 최전방을 오갈 것 같지만 교체 자원들이 주전들과 비교해 만족스럽지 못하다. 윙포워드들은 스피드만 있다. 포워드나 스트라이커 자원들 역시 소속팀에서의 폼을 보여주지 못하거나 꾸준함, 힘, 스피드 등 무언가 하나씩 부족하다.

▼ 독일의 요주아 키미히가 북아일랜드의 셰아 찰스의 도전을 받고 있다.

▲ 독일의 파스칼 그로스가 볼을 잡고 달리고 있다.

선수층 발굴이 과제

무시알라의 큰 부상 이후 폼 회복이 핵심 포인트다. 비르츠도 있지만, 무시알라는 그보다 오랜 시간 더 높은 공헌도를 보인 코어 중 코어다. 그가 예전 같지 않다면 공격력은 떨어질 수밖에 없다. 무시알라, 비르츠를 제외하면 2선과 최전방 자원들 수준이 톱 레벨은 아니다. 게다가 부상에서 자유롭지 않은 비르츠는 일정과 피지컬 요구치가 빡빡한 PL수준의 강도를 고려했을 때 특히 관리가 필요하다.

나겔스만 감독은 임기 초반 하베르츠 레프트백 같은 실험도 했고, 빅클럽 외에서도 신예들을 발탁했다. 슈틸러, 볼테마데의 성장 정도는 전술, 라인업, 선수층 등에 변수로 작용한다. 특히 슈틸러가 주목받는다. 키미히는 어느 포지션, 역할이든 볼배급에 뛰어나지만 다소 아쉬운 운동능력, 수비력, 직접 볼 운반, 탈압박 등을 주변에서 보완해줘야 한다. 슈틸러가 성장하면 딜레마 해결에 다가설 수 있다.

노이어, 크로스, 귄도안, 뮐러가 물러나며 기량이나 리더십 등에서 아쉬움이 있지만, 연령대가 높은 선수들이 남아 있는 만큼, 어떤 플랜B를 마련하느냐가 과제다.

ITALY

최근 월드컵에는 나가지도 못하는 월드컵 역사상 1티어

월드컵 역사상 최강팀 중 하나인 이탈리아. 통산 우승 4회로 브라질(5회)에 이어 독일과 함께 공동 2위에 올라 있는 전통의 강호다. 그러나 나이 지긋한 축구 팬들의 인식('이탈리아는 세계 최강')과 어린 축구 팬들의 인식('월드컵에서 이탈리아 본 적 없는데요?') 사이에는 좁힐 수 없는 간극이 있다. 최근 두 차례 월드컵 모두 예선 통과에도 실패했기 때문이다. 게다가 유로 2020이라도 우승했던 5년 전과 달리, 최근 1년 동안 유로 2024에서는 16강에서 탈락했고, UEFA 네이션스리그에서는 토너먼트가 시작하자마자 떨어지는 등 부진이 심각했다. 결국 루치아노 스팔레티 감독이 경질되며 젠나로 가투소 감독이 새로 선임됐다. 과연 이탈리아는 이번 월드컵 본선을 밟을 수 있을 것인가?

감독 선수 시절처럼 뜨거운 가투소, '가족 같은 아주리' 예고

선수 시절 세계적인 싸움닭이었던 가투소. 아주리 감독으로서 그리 성공적인 경력은 아니었지만, AC밀란의 성적을 끌어올렸고 나폴리에서는 코파 이탈리아 우승을 달성했다. 그러나 지도자 가투소에 대한 평가는 이탈리아에서 그리 높지 않다. 스팔레티 전 감독이 경질됐을 때 차기 감독으로 거론된 것은 73세 노장 클라우디오 라니에리 감독이었다. 그는 이미 한 번 은퇴를 번복하고 로마에서 칼리아리와 '라스트 댄스'를 두 번이나 췄는데, 이탈리아 축구협회에서 은퇴 재번복을 부탁했다. 그러나 가족이 나서 라니에리 감독을 만류하는 바람에 다음 순위였던 가투소 감독의 선임이 결정됐다. 가투소는 취임과 동시에 대표팀을 '가족'으로 만들겠다는 포부를 밝혔다.

우직한 신임 감독의 평범한 전술 예상

아직 가투소 감독이 이탈리아 데뷔전을 치르지 않은 상태지만, 그의 전술을 짐작하긴 비교적 쉽다. 과거 지도한 여러 팀에서 비슷한 성향을 유지해왔기 때문이다. 그의 전술은 우직하다. 선수 시절에는 영리하지 못한 이미지였다 하더라도 감독이 된 뒤 지략가로 활약하는 경우도 있지만, 아쉽게도 가투소는 좋게 말하면 일관성이 있고 나쁘게 말하면 무식한 이미지 그대로다. 다만 좋은 점도 있다. 자신의 신념을 무리하게 밀어붙이지 않고, 팀 선수 구성과 어울리는 평범한 배치를 쓴다는 점이다. 주로 4-3-3 대형을 선호하지만 팀에 어울리는 대형을 유연하게 도입하는 경우가 많았다. 이탈리아 매체들이 예상하는 가투소 아주리의 대형은 4-2-3-1, 3-5-2 등 다양한데, 3-4-3을 예상하는 매체가 다소 많은 편이다. 무엇보다 선수들의 정신력과 응집력을 매우 강조하는 것이 가투소의 핵심 철학이다. 선수 전원의 활동량과 공수 균형을 중시한다. 포지션별로 볼 때, 이탈리아가 가장 강한 포지션은 중원이다. 산드로 토날리와 니콜로 바렐라는 누구든 인정할 만한 '월드 클래스' 듀오다. 공수에 모두 능한 선수들인 만큼 두 선수를 듀오로 쓸지, 한 명을 더 붙여 트리오로 활용할지는 감독의 선택에 달렸다.

▼ 이탈리아 vs 에스토니아 – 2026 FIFA 월드컵 예선(2025년 9월 5일)

▲ 이탈리아의 모이스 킨이 경기 중 분투 하고 있다.

"리그에서 잘하면 뽑아준대."

스팔레티 감독이 가장 비판받았던 것은 세리에 A에서 가장 뛰어난 선수들을 백안시하고 자신이 판단한 '황태자'들을 편애했다는 점이었다. 특히 경질에 결정적 영향을 미친 것은 노르웨이전 경기였다. 소속팀 주전도 아닌 라스파도리를 선발로 투입하고, 엘링 홀란을 막겠다며 신인 센터백 디에고 코폴라를 풀타임 기용했다가 0-3으로 패배해 도마 위에 올랐다. 그가 홀대한 윙어 리카르도 오르솔리니는 세리에 A에서 득점할 때마다 골 세리머니로 '스팔레티 감독님, 저 좀 뽑아요'라는 메시지를 전하기도 했다. 그러나 가투소는 다르다. 대표팀 부임이 결정되자 오르솔리니 등에게 전화부터 걸었다고 한다. 다가오는 세리에 A에서의 활약이 대표팀 발탁에 큰 영향을 미칠 것으로 예상된다. 한편 대표 복귀를 노리는 노장들도 있다. 왕년의 스타 로렌초 인시녜, 치로 임모빌레가 세리에A 컴백을 추진한 건 대표팀으로 들어가기 위해서다.

세리에 A 올스타, 상승세를 이어가라

이탈리아 대표팀은 대형도, 선발 라인업도 앞으로 바뀔 여지가 크다. FW 최전방은 지난 시즌 세리에 A 득점왕이었던 마테오 레테기와 2위 모이스 킨이 경쟁한다. 득점기록만 본다면 든든하지만, 두 선수 모두 지난 1년간 급성장했다는 점에서 월드컵까지 상승세를 이어갈 수 있을지는 미지수다. 그들을 받쳐주는 2선 자원에도 완벽한 주전은 존재하지 않는다. 세콘다푼타(쳐진 공격수)를 기용하는 대형이라면 축구 센스가 뛰어난 자코모 라스파도리가 될 것이다. 좌우 윙어가 있는 대형이라면 왼쪽은 마티아 차카니, 오른쪽은 마테오 폴리타노가 경쟁에서 그동안 앞서 있었다. MF 중원은 토날리, 바렐라가 형성하는 든든한 조합이 있고, 3인 구성을 만들고 싶다면 사무엘레 리치 또는 마누엘 로카텔리를 추가할 수 있다. DF 좌우 윙백은 스타일이 다르다. 왼쪽의 페데리코 디마르코는 날카로운 움직임과 왼발 킥의 위력을 겸비한 공격형 윙백이다. 오른쪽의 안드레아 캄비아소는 멀티 포지션 능력과 빌드업 관여 능력이 탁월한 전술적 카드다. 센터백 선수풀은 현재 3대장이라 할 만한 알레산드로 바스토니, 리카르도 칼라피오리, 알레산드로 부온조르노가 모두 왼발잡이라는 특징이 있다. 오른발잡이를 기용하고 싶다면 새 주전 선수를 발굴해야 한다. GK 골문은 선방의 제왕 잔루이지 돈나룸마가 지킨다.

▼ 산드로 토날리가 에스토니아의 케보르 팔루메츠와 볼을 다투고 있다.

France

7번의 월드컵 중
4번이나 결승에 오른 프랑스

프랑스는 1990년과 1994년 월드컵 본선 진출에 실패했지만, 1998년 자국 대회에서 첫 우승을 차지하며 새로운 시대를 열었다. 이후 2006년 독일 월드컵 준우승, 2018년 러시아 월드컵 우승, 2022년 카타르 월드컵 준우승을 기록하며 최근 7번의 월드컵에서 가장 많은 결승 진출(4회)과 우승(2회)을 거둔 강호로 자리매김했다. 특히 2018년 우승 멤버였던 킬리안 음바페, 우스망 뎀벨레, 뤼카 에르난데스, 벤자맹 파바르가 여전히 대표팀 핵심으로 활약하며 세대 교체 속에서도 강력한 전력을 유지하고 있다. 지휘봉을 잡은 지 무려 14년째인 디디에 데샹 감독은 선수들에 대한 높은 이해도와 경험을 바탕으로 프랑스의 안정적인 성과를 내고 있으며, 이러한 장기 집권은 국제무대에서의 경쟁력을 꾸준히 유지하는 원동력이 되고 있다.

감독 데샹, 우승제조기의 명성을 이어갈까?

디디에 데샹은 프랑스의 전설적인 수비형 미드필더로, 1998년 자국 월드컵에서 주장으로서 첫 우승 트로피를 들어 올렸다. 2001년 은퇴 후 곧바로 모나코 감독에 부임해 2003-04시즌 챔피언스리그 준우승을 이끌며 지도자로 두각을 나타냈다. 2006년 세리에B로 강등된 유벤투스를 단숨에 승격시켰으나 보드진들과의 갈등으로 사임했고, 2009년 올랭피크 마르세유에선 리그 앙과 리그컵을 동시 제패했다. 2012년 프랑스 대표팀 감독이 된 그는 2014년 브라질 월드컵 8강, 유로 2016 준우승을 거쳐 2018년 러시아 월드컵에서 우승을 달성하며 선수와 감독으로서 모두 월드컵을 제패한 세 번째 인물로 역사에 이름을 남겼다. 이후에도 2020-21 UEFA 네이션스리그 우승과 2022년 카타르 월드컵 준우승을 견인했던 그는 이번 월드컵을 끝으로 프랑스를 떠난다.

데샹의 플랜A

프랑스는 디디에 데샹 감독 하에서 기본적으로 4-2-3-1 포메이션을 가장 많이 활용하고 있다. 현재 프랑스에 많은 뛰어난 2선 공격 자원들이 있기에 그들의 역량을 극대화하기 위해선 4-2-3-1이 가장 최적이라고 볼 수 있다. 다만 상대팀에 따라 수비 밸런스를 잡기 위해 4-3-3 내지는 다이아몬드 4-4-2를 쓰기도 한다. 실제 데샹 감독은 뛰어난 개개인의 집합체로 선수단을 구성하기보다는 각자 역할에 맞는 선수들을 중용하고, 에이스 한 명을 제외한 나머지를 팀 플레이어로 구성하는 경향이 있다. 그러하기에 그는 과거 대표팀 선발 과정에서 "나는 프랑스에서 축구를 가장 잘하는 23명의 선수를 뽑는 게 아니다"라고 항변한 바 있다. 2018년 러시아 월드컵 당시 최전방 공격수 올리비에 지루가 무득점 부진에 빠지며 많은 비판에 직면했을 때도, 데샹 감독은 최전방에서 상대 수비수들과 몸싸움을 펼치면서 2선 공격수들의 침투를 도울 수 있는 그를 끝까지 중용했다. 과거에는 앙투안 그리즈만을 중심으로 그에 최적화된 선수단을 구축했고, 지금은 킬리안 음바페를 극대화할 수 있는 전술을 모색 중에 있다. 그러하기에 남은 기간 동안 음바페의 능력을 더 극대화할 수 있는 전술 및 조합을 계속해 나간다면 플랜A 포메이션 변동 가능성은 충분이 있다. 다만 한번 플랜A가 잡히면 이를 보수적으로 고집하는 경향이 있기에 변수 대처 능력이 떨어진다는 단점이 있다.

▼ 프랑스 vs 우크라이나 – 2026 FIFA 월드컵 예선(2025년 9월 5일)

화려한 공격진과 수비, 중원은?

프랑스는 선수단의 깊이에서 다른 국가들을 앞서고 있다. 공격진엔 에이스 킬리안 음바페를 중심으로 2025년 발롱도르 수상이 유력한 우스망 뎀벨레를 포함해 마르쿠스 튀랑, 란달 콜로 무아니 같은 기존 대표팀 공격 자원이 있다. 이에 더해 마이클 올리세, 데지레 두에, 브래들리 바르콜라, 그리고 라얀 셰르키 같은 새로운 재능들이 팀 공격에 활기를 불어넣어준다. 다만 화려한 공격 대비 중원은 다소 아쉬운 편이다. 은골로 캉테는 이제 30대 중반에 접어들었고, 에두아르도 카마빙가와 유수프 포파나, 그리고 17세 때 최전성기를 누렸던 19세 미드필더 워렌 자이르-에메리가 정체기에 접어들어 현재 프랑스에서 확실하게 믿고 쓸 수 있는 중원 자원은 오렐리앙 추아메니 한 명밖에 없다. 수비진은 풍족하다. 중앙 수비는 다요 우파메카노, 윌리엄 살리바, 이브라히마 코나테가 버티고 있고, 오른쪽 측면 수비는 쥘 쿤데가 자리를 잡고 있는 가운데 벤자맹 파바르와 말로 구스토가 경쟁하고 있으며, 왼쪽 측면 수비는 뤼카-테오 에르난데스 형제와 뤼카 디뉴 같은 준수한 선수들이 포진해 있다. 골문은 미케 메냥이 지키고 23세 골키퍼 뤼카 슈발리에르가 도전에 나선다. 프랑스는 주전급 선수들이 대부분 전성기의 나이대이기에 이번 월드컵이 지난 카타르 월드컵에서 아쉽게 실패한 우승에 도전할 적기다.

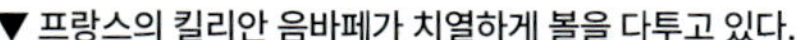

▼ 프랑스의 킬리안 음바페가 치열하게 볼을 다투고 있다.

▲ 프랑스의 브래들리 바르콜라가 우크라이나의 일리아 자바르니와 볼을 두고 경쟁하고 있다.

음바페 득점력 극대화할 파트너?

프랑스의 에이스 킬리안 음바페가 가장 많은 득점을 기록했던 시기는 올리비에 지루가 최전방을 지키며 수비를 끌어주던 시절이었다. 그러나 지루가 유로 2024를 끝으로 대표팀 은퇴를 선언하면서, 프랑스는 음바페의 득점력을 최대로 끌어올리는 공격 전술에 변화를 모색할 수밖에 없게 되었다. 마르쿠스 튀랑과 란달 콜로 무아니가 지루의 역할을 대신해보려 했으나 아직 뚜렷한 성과는 없는 상태. 파리 생제르맹에서 가짜 9번으로 변신한 우스망 뎀벨레를 최전방에 두고 음바페를 왼쪽으로 돌리는 구상도 가능하다. 물론 레알 마드리드에서 원톱으로 활약 중인 음바페가 대표팀에서도 원톱으로 자리 잡는 것이 최상의 시나리오라 할 수 있다. 중원에서는 추아메니의 파트너를 확정하는 것이 급선무이며, 왼쪽 수비 역시 사우디 아라비아로 떠난 테오 에르난데스가 경쟁력을 유지하느냐가 중요한 변수다. 다만 앙투안 그리즈만 은퇴 이후 발생한 중앙 2선 공백은 다행히도 마이클 올리세가 빠르게 메우며 세대교체에 기여하고 있다.

Argentina

62년 만에
월드컵 2연패에 나서는 아르헨티나

아르헨티나는 2022년 카타르 월드컵을 제패하며 브라질(5회), 이탈리아(4회), 독일(4회)에 이어 4번째로 통산 3회 우승국 반열에 올랐다. 무엇보다도 세계 최고의 축구 선수 리오넬 메시가 숙원이던 트로피를 들어올리며 축구 인생의 대관식을 완성했다. 여기서 그치지 않고 아르헨티나는 2024년 코파 아메리카까지 연속 제패하며 남미 최강의 위상을 굳혔다. 비록 메시가 38세에 접어들었지만 엔소 페르난데스, 훌리안 알바레스, 크리스티안 로메로, 로드리고 데 폴 등 주축 선수들이 버티고 있고, 니코 파스와 프랑코 마스탄투오노 같은 신예 유망주들이 합류해 전력을 공고히 했다. 그 결과 아르헨티나는 남미 팀들 중 가장 먼저 2026년 월드컵 본선 진출을 확정했고, 이제 1958·1962년 브라질 이후, 64년 만의 월드컵 2연패에 도전한다.

감독 ▸ 아르헨티나 역대 최고 감독 노리는 스칼로니

스칼로니는 선수 시절 왼쪽 풀백으로 활약한 인물로, 2006년 독일 월드컵에 참가해 당시 18세였던 메시와 함께 뛴 경험이 있다. 2013년, 35세의 나이에 은퇴한 그는 호르헤 삼파올리 밑에서 2015년 세비야 수석코치로 부임했고, 이후 삼파올리를 따라 아르헨티나 대표팀 수석코치직을 수행했다. 그동안 감독 경력이 전무했던 그는 2018년 러시아 월드컵 이후 삼파올리의 뒤를 이어 아르헨티나 대표팀 지휘봉을 잡았다. 감독 초창기에는 아르헨티나 축구협회의 재정 악화로 인한 '낙하산 인사'라는 오명에 시달리기도 했으나, 2021년 코파 아메리카와 2022년 피날리시마(유로 2020 챔피언 이탈리아와 코파 아메리카 챔피언 아르헨티나의 이벤트 매치), 2022년 카타르 월드컵, 그리고 2024년 코파 아메리카까지 총 네 개의 트로피를 들어올리며 승승장구하고 있다.

스칼로니표 실리적인 맞춤 전술

아르헨티나는 리오넬 스칼로니 감독 체제에서 4-4-2를 필두로 4-3-3, 4-2-3-1, 다이아몬드 4-4-2, 그리고 3-5-2에 이르기까지 다양한 포메이션을 활용했다. 기본적으로는 수비 밸런스를 신경 쓴 실리적인 전술 운용을 하는 편에 속하지만, 리오넬 메시가 뛸 때는 최대한 메시 중심으로 다른 선수들이 보조하는 역할을 수행했다. 반면 메시가 없을 때는 선수단 구성 및 상대 팀 전술에 맞게 다양하게 변화하는 모습을 보여주었다. 이러한 전술적 변화가 가장 두드러졌던 시점은 2022년 카타르 월드컵이었다. 당시 스칼로니 감독은 사우디아라비아와의 첫 경기에서 1-2 충격패를 당하자 대대적으로 선발 라인업에 변화를 감행했고, 이를 통해 엔소 페르난데스와 훌리안 알바레스 같은 신예 선수들을 중용하며 월드컵 우승을 견인했다. 네덜란드와의 8강전에서는 상대 맞춤형 스리백 전술을 가동해 80분까지 주도권을 잡기도 했다. 다만 아쉬운 점이 있다면, 한번 실점하면 급격히 흔들리는 경향이 있다는 것이다. 지난 월드컵 사우디 아라비아전에서 아르헨티나는 메시의 골로 앞서 나갔으나 후반 초반 연달아 실점하면서 역전패를 당했다. 네덜란드와의 8강전에서도 2-0으로 앞서던 경기를 경기 막판 2실점으로 승부차기까지 끌려갔다. 심지어 프랑스와의 결승전 역시 2-0으로 앞서던 상황에서 80분과 81분에 연달아 실점해 결국 승부차기 끝에 어렵게 우승 트로피를 들어올려야 했다.

▼ 아르헨티나 vs 콜롬비아 – 2026 FIFA 월드컵 예선(2025년 6월 10일)

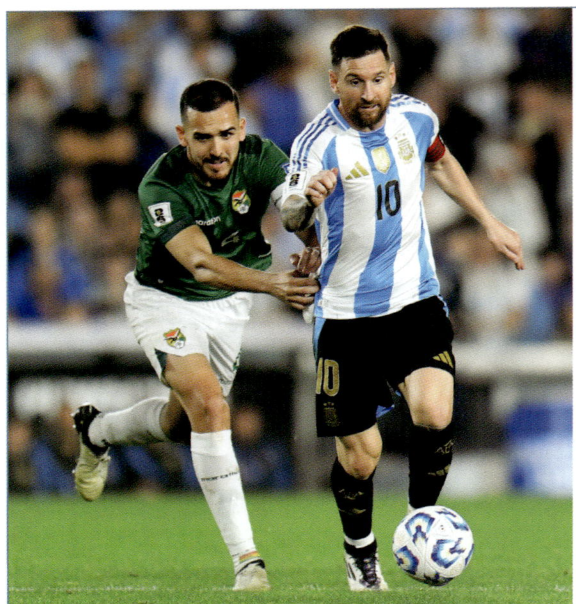

▲ 볼을 두고 경쟁하는 아르헨티나의 리오넬 메시와 볼리비아의 루이스 하퀸.

월드컵 우승 주역들이 건재

아르헨티나는 지난 카타르 월드컵 우승 당시 주전급 선수들이 여전히 대표팀의 중심축을 이루고 있다. 공격에서는 에이스 리오넬 메시를 중심으로 인테르의 간판 공격수 라우타로 마르티네스, 지난 월드컵에서 혜성처럼 등장한 아틀레티코 마드리드의 에이스 훌리안 알바레스가 버티고 있다. 여기에 티아고 알마다, 율리아노 시메오네, 발렌틴 카르보니, 니코 파스, 클라우디오 에체베리, 프랑코 마스탄투오노 같은 어린 재능들이 공격진에 합류하며 신선한 바람을 불어넣고 있다. 중원은 지난 월드컵 우승 주역인 로드리고 데 폴, 알렉시스 맥 알리스터, 엔소 페르난데스가 건재한 가운데 레안드로 파레데스, 조바니 로 셀소, 에세키엘 팔라시오스 등이 뒤를 받치고 있다. 수비진 역시 지난 월드컵에서 주전으로 활약한 선수들이 여전히 중심을 잡으며 탄탄한 조직력을 자랑한다. 크리스티안 로메로, 니콜라스 오타멘디, 나우엘 몰리나, 니콜라스 탈리아피코, 마르코스 아쿠냐로 이어지는 수비진은 A매치 50경기 이상을 소화한 경험을 바탕으로 관록 넘치는 수비를 선보이고 있다. 골문은 아르헨티나 대표팀에만 오면 '선방쇼'를 펼치는 에밀리아노 마르티네스가 지킨다. 대표팀은 소속팀과 달리 발을 맞출 시간이 부족하다는 점을 고려할 때, 카타르 월드컵 주축들이 건재한 아르헨티나는 조직력이라는 측면에서 다른 경쟁팀들보다 앞서 있다고 평가할 수 있다.

수비진 컨디션 유지가 중요

아르헨티나는 2021년 코파 아메리카 우승을 시작으로 참가하는 모든 대회에서 우승을 차지하며 전성기를 구가하고 있다. 월드컵 남미 지역 예선에서도 가장 먼저 본선 진출권을 확보, 현 시점에서 가장 기세가 좋은 팀으로 평가된다. 강점인 중원은 현재 최고의 기량이며, 공격진 역시 신예들이 지속적으로 발굴되면서 기대감을 높이고 있다. 이 흐름대로라면 월드컵 2연패도 충분히 가능해 보인다. 다만 수비진은 불안 요소다. 주전 오른쪽 측면 수비수 나우엘 몰리나는 소속팀에서 벤치로 밀려난 상태. 니콜라스 오타멘디는 37세 노장이며, 니콜라스 탈리아피코와 마르코스 아쿠냐 역시 30대를 넘어섰다. 리산드로 마르티네스는 잦은 부상에 시달리고 있다. 크리스티안 로메로를 제외하면 확실한 자원이 부족하다는 평가가 나온다. 월드컵까지 얼마 남짓 남은 상황을 고려하면 수비수들이 현재의 불안한 상태를 이겨내고 꾸준히 좋은 컨디션을 유지하는 것이 무엇보다 중요하다.

▼ 아르헨티나의 훌리안 알바레스가 베네수엘라의 에두아르드 벨로의 압박을 받으며 전진하고 있다.

Portugal

포르투갈 황금기 주역
호날두의 마지막 월드컵

포르투갈은 에우제비우가 활약했던 1966년 잉글랜드 월드컵 3위를 제외하면, 한동안 월드컵과 큰 인연이 없었다. 그러나 크리스티아누 호날두가 등장한 이후 유로 2004 준우승과 2006년 독일 월드컵 4강에 오르며 국제무대 경쟁력을 입증했고, 유로 2016 우승으로 황금기의 대미를 장식했다. 여기서 그치지 않고 2018-19 UEFA 네이션스 리그 초대 챔피언에 등극한 데 이어 2024-25 대회에서도 2번째 우승을 차지했다. 하지만 월드컵 무대에서는 아직 단 한 번도 결승에 오르지 못한 채 아쉬움을 남기고 있다. 이제 호날두는 북중미 월드컵에 41세로 출전하며, 사실상 마지막 도전을 앞두고 있다. 포르투갈의 전설 호날두가 빛나는 엔딩을 하기 위해서는 이번 대회에서의 우승이 반드시 필요하다.

감독 마르티네스, 유종의 미 거둘까?

로베르토 마르티네스는 2007년 스완지 시티 감독으로 지도자 경력을 시작해 곧바로 승격을 이끌며 이름을 알렸다. 2009년 위건 애슬레틱으로 자리를 옮긴 그는 2012-13시즌 구단 최초의 FA컵 우승을 달성하며 주목받았다. 이어 2013년 에버턴을 이끌며 첫 시즌 리그 5위를 기록했으나 이후 부진으로 2016년 물러났다. 같은 해 벨기에 대표팀 지휘봉을 잡아 2018년 러시아 월드컵에서 3위를 차지했지만, 유로 2020 8강을 거쳐 2022년 카타르 월드컵 조별리그 탈락으로 명성에 금이 갔다. 이후 포르투갈 대표팀 사령탑에 오른 그는 유로 2024에서 8강에 머물렀으나, 2024-25 UEFA 네이션스 리그 우승을 달성하며 월드컵을 향한 기대를 다시 끌어올리고 있다. 매번 부임 초기엔 좋았으나 시간이 갈수록 한계를 드러낸 감독이기에 이번엔 유종의 미를 거둘지 관심이다.

▲ 포르투갈 vs 아르메니아 – 2026 FIFA 월드컵 예선(2025년 9월 6일)

스칼로니표 실리적인 맞춤 전술

포르투갈 감독 로베르토 마르티네스는 팀 선수단에 맞게 유연하게 전술을 운용하는 인물이다. 가장 단적으로 그는 클럽 팀을 맡았을 땐 주로 포백에 기반한 포메이션(4-4-2, 4-2-3-1, 4-3-3)을 활용했으나, 벨기에 대표팀에 풀백 자원이 부족하자 스리백을 가동했다. 부임 초중반부엔 에당 아자르를 극대화한 3-4-2-1 포메이션을 썼으나 부임 중후반부엔 케빈 더 브라위너 중심의 3-4-1-2로 포메이션을 전환하는 유연함을 보였다. 포르투갈에선 부임 초기 스리백을 잠깐 쓰긴 했지만, 선수단 구성에서 센터백이 부족하고 측면 수비수가 풍족하기에 지금은 4-2-3-1과 4-3-3 포메이션을 돌아가며 활용하고 있다. 〈2026년 북중미 월드컵〉에선 약팀 상대로는 공격형 미드필더 두 명(브루누 페르난데스와 베르나르두 실바)을 동시에 중원에 배치하는 공격적인 4-3-3을 가동할 가능성이 크다. 반면 강팀 상대로는 베르나르두 실바를 측면 공격수로 돌리면서 주앙 네베스를 비티냐와 함께 중원에 배치시키는 4-2-3-1(브루누 페르난데스는 공격형 미드필더에 위치한다)을 활용할 것으로 보인다. 다만 브루누 페르난데스와 베르나르두 실바를 동시에 중앙으로 배치할 시엔 파리 생제르맹의 챔피언스 리그 우승에 크게 기여한 주앙 네베스를 전술적으로 희생시킬 수밖에 없다. 이를 의식한 듯 로베르토 마르티네스 감독은 2024-25 UEFA 네이션스 리그에서 주앙 네베스를 오른쪽 측면 수비수로 배치하기도 했다.

화려한 중원 & 부족한 원톱

포르투갈은 중앙 미드필더 천국이다. 공격형 미드필더로는 브루누 페르난데스, 베르나르두 실바, 오타비우에 더해 18세 신예 호드리구 모라가 있고, 중앙 미드필더로는 파리 생제르맹 우승 주역 비티냐와 주앙 네베스를 중심으로 후벵 네베스, 마테우스 누녜스, 터프한 수비형 미드필더 주앙 팔리냐가 포진하고 있다. 질과 양에서 모두 풍족할 뿐 아니라 스타일까지 다양하다. 즉 상대에 따라 맞춤형으로 다양한 조합이 가능한 구성이다. 측면 공격수도 풍족하다. 페드루 네투와 하파엘 레앙을 중심으로 프란시스코 콘세이상과 프란시스코 트링캉, 페드루 곤살베스가 뒤에서 받치고 있다. 베르나르두 실바와 마테우스 누녜스도 측면에서 뛸 수 있는 자원들이다. 다만 아쉬운 지점은 최전방 공격수와 수비 쪽에 있다. 많은 기대를 모았던 주앙 펠릭스와 곤살루 하무스가 정체기에 빠졌고, 디오구 조타가 교통사고로 아쉽게 세상을 떠나면서 어쩔 수 없이 40세가 넘은 호날두에게 의존하는 수밖에 없다. 수비진도 센터백인 후벵 디아스와 왼쪽 측면 수비수인 누누 멘데스가 든든하게 버티고 있긴 하지만 나머지 두 자리는 약하다. 주앙 칸셀루가 하락세를 타면서 빠진 오른쪽 측면 수비수 자리를 놓고 현재 넬송 세메두와 디오구 달로가 경쟁 중이다. 디아스의 센터백 파트너로는 최근 왼발잡이 곤살루 이나시우가 중용되고 있다. 골문은 디오구 코스타 골키퍼가 지킨다.

▲ 포르투갈의 비티냐(오른쪽)가 독일의 니클라스 푸엘르크루그의 도전을 받고 있다.

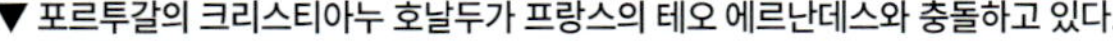

▼ 포르투갈의 크리스티아누 호날두가 프랑스의 테오 에르난데스와 충돌하고 있다.

호날두 의존도를 줄여야 한다

포르투갈의 고민거리는 크게 두 가지다. 첫째 크리스티아누 호날두가 40세를 넘어서면서 체력 및 기량 하락이 우려되기에 전술적인 대비책이 필요하다. 월드컵은 짧은 기간에 많은 경기가 치러지는 만큼 호날두 체력 관리가 필수다. 실제 포르투갈은 지난 2022년 카타르 월드컵에서도 16강 진출이 확정됐음에도 호날두를 대한민국과의 조별리그 최종전에 무리해서 선발 출전시켰다가 패하는 수모를 겪었고, 정작 중요한 토너먼트에서 제대로 활용할 수 없었다. 또다른 고민은 오른쪽 측면 수비에 있다. 넬송 세메두와 디오구 달로 모두 준수한 선수들이지만, 왼쪽 측면 수비수 누누 멘데스와 비교하면 공수 전반에 걸쳐 부족한 게 사실이다. 이들이 기준치를 충족시켜주지 못한다면 현재 맨체스터 시티에서 오른쪽 측면 수비수로 활용되고 있는 마테우스 누녜스나 지난 2024-25 UEFA 네이션스 리그에서 오른쪽 측면 수비수 역할을 수행한 주앙 네베스를 주전으로 내세울 가능성도 있다.

Brazil

최다 우승 축구왕국 브라질
24년 만에 우승 노린다

브라질은 월드컵 역사상 단 한 번도 본선 진출에 실패한 적이 없는 유일한 국가로, 최다 우승(5회)을 자랑하는 명실상부한 축구 왕국이자 영원한 우승 후보이다. 그러나 2002년 한일 월드컵 이후로는 20년 넘게 정상에 오르지 못하고 있다. 특히 자국에서 열린 2014년 월드컵 준결승전에서는 독일에 1-7로 패하며 '미네이랑의 비극'이라 불리는 뼈아픈 굴욕을 겪었다. 2022년 카타르 월드컵 탈락 후 브라질은 라몬 메네세스와 페르난두 디니스 두 임시 감독 체제를 거쳤고, 2024년 1월 도리발 주니오르를 선임했으나 7승 7무 2패(승률 43.8%)로 기대에 미치지 못했다. 결국 브라질 축구협회는 세계적인 명장 카를로 안첼로티를 새 사령탑으로 영입하며 과거의 영광을 되찾기 위한 승부수를 띄웠다.

감독   클럽에서 모든 걸 이룬 안첼로티, 대표팀에서도 우승을 노린다

안첼로티는 이탈리아의 전설적인 미드필더 출신으로 선수 은퇴 후 명장 아리고 사키 밑에서 이탈리아 대표팀 수석코치를 맡으며 지도자의 길에 들어섰다. 이후 레지나 감독을 시작으로 파르마와 유벤투스를 거쳐 AC 밀란의 황금기를 이끌며 명장 반열에 올랐다. 이어 첼시와 파리 생제르맹에서도 성공을 거두었고, 레알 마드리드에서 정점을 찍으며 세계적인 명성을 얻었다. 비록 바이에른 뮌헨과 나폴리에서는 다소 아쉬움을 남겼으나, 에버튼에서 재기에 성공한 그는 다시 레알 마드리드 지휘봉을 잡아 2021-22시즌과 2023-24시즌에 챔피언스 리그 우승 트로피를 들어 올리며 화려한 경력을 이어갔다. 정확히 30년에 걸친 감독 경력 동안 그는 챔피언스 리그 최다 우승(5회)을 포함해 무려 공식 대회 29차례 우승을 달성하며, 현역 최고의 감독 중 한 명으로 명성을 떨치고 있다.

명장 안첼로티, 브라질 맞춤형 전술 구축할까?

카를로 안첼로티는 이탈리아 출신 감독답게 기본적으로 수비 안정화를 중시하며, 동시에 중원에서의 경기 장악력을 강조하는 편에 속한다. 반면 공격 전술에 있어서는 선수들에게 높은 자유도를 부여해 개인 능력에 의존하는 경향이 있으며, 이로 인해 세부 전술이 부족하다는 비판을 받기도 한다. 그럼에도 불구하고 그가 AC 밀란, 첼시, 레알 마드리드 등 유럽의 명문 구단들을 이끌며 챔피언스 리그 최다 우승(5회)이라는 위업을 달성할 수 있었던 이유는 분명하다. 바로 선수들의 장단점을 정확히 파악해 그에 맞는 전술을 유연하게 구축하는 능력 때문이다. 이를 통해 선수들의 강점을 극대화하고 약점을 최소화하는 데 주력했으며, 또한 교체 카드를 적극적으로 활용해 승부처에서 강한 면모를 보였다.

현재 브라질 대표팀은 뛰어난 기량을 가진 선수들이 즐비하지만, 흔히 말하는 '구슬이 서 말이어도 꿰어야 보배'라는 말처럼 이들을 하나로 묶어낼 지도력이 필요하다. 안첼로티는 부임 후 첫 두 경기에서 4-3-3과 4-2-3-1 포메이션을 시험하며 선수들을 점검했고, 이제는 최적의 전술을 확립해야 할 시점이다. 다행히 비니시우스, 호드리구, 에데르 밀리탕(이상 레알 마드리드), 히샬리송(에버튼) 등 이미 소속팀에서 그와 함께 호흡을 맞춘 선수들이 있어, 대표팀에서도 빠르게 안착할 것으로 보인다.

▼ 브라질 vs 칠레 – 2026 FIFA 월드컵 예선(2025년 9월 4일)

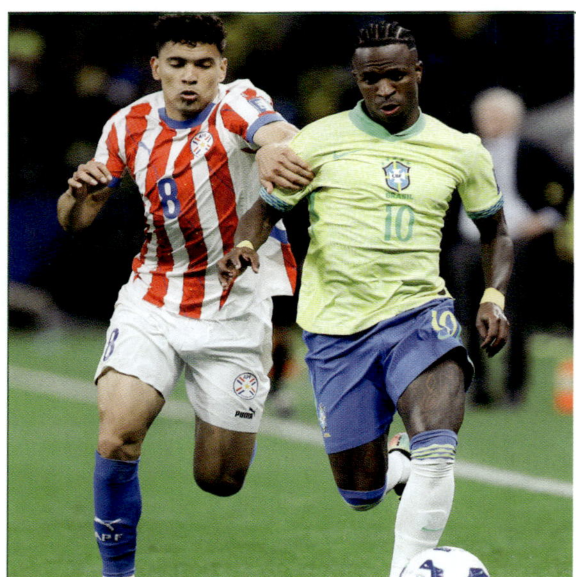

▲ 브라질의 비니시우스 주니오르가 파라과이의 디에고 고메스 아마릴라의 압박을 받고 있다.

화려한 측면 공격 자원들
부실한 측면 수비

브라질은 각 포지션마다 세계적인 스타들이 즐비해 있어 조직력을 가다듬는다면 〈2026 북중미 월드컵〉에서 좋은 성적이 기대된다. 골키퍼에는 리버풀의 알리송 베케르가 절대적인 주전으로, 프리미어리그와 챔피언스리그 제패 경험을 바탕으로 안정적인 마지막 보루 역할을 하고 있다. 중앙 수비는 주장 마르퀴뉴스를 중심으로 가브리엘 마갈량이스, 에데르 밀리탕, 브레메르 등이 전성기에 접어들며 단단함을 갖췄다. 반면 측면 수비는 다소 약한 편. 여전히 다닐루와 알렉스 산드루 같은 베테랑 자원이 이름을 올리고 있다. 중원은 카세미루가 풍부한 경험을 제공하고, 브루누 기마랑이스가 중심축을 맡는다. 여기에 에데르송, 제르송, 루카스 파케타, 안드레아스 페레이라 등이 두터운 스쿼드를 형성한다. 측면 공격은 비니시우스를 필두로 하피냐, 호드리구, 안토니, 가브리엘 마르티넬리, 사비뉴, 신예 에스테방까지 화려함을 자랑한다. 특히 비니시우스와 하피냐라는 확실한 주전이 존재해 다른 뛰어난 자원들이 출전 기회를 희생해야 할 만큼 측면 공격이 브라질의 가장 강력한 무기다. 최전방 스트라이커에는 히샬리송과 마테우스 쿠냐, 주앙 페드루, 그리고 떠오르는 신성 엔드릭이 치열한 경쟁을 이어가고 있다. 다만 히샬리송을 제외하면 전통적인 원톱 자원이 부족해 전술적인 보완책 마련이 요구된다.

강점을 극대화 해야 한다

여전히 축구 왕국다운 화려한 선수층을 보유하고 있지만, 특정 포지션에서 드러나는 약점이 지난 20년간 월드컵 우승과 인연을 맺지 못한 원인으로 꼽힌다. 중앙 수비는 마르퀴뉴스를 축으로 견고함을 유지하고 있으나, 에데르 밀리탕과 브레메르가 지난 시즌 장기 부상을 겪었고, 시즌 막판에는 가브리엘 마갈량이스까지 쓰러지면서 선수단 관리가 필수이다. 측면 수비는 현 브라질 대표팀의 최대 약점이다. 중원에서는 카세미루가 경험과 리더십을 제공하지만 기량 하락세가 뚜렷해 대체 자원의 부상과 성장 여부가 중요하다. 공격진은 풍부하지만, 최전방 스트라이커 자리는 확실한 해결사가 부재하다. 측면 공격은 비니시우스를 중심으로 세계 최고의 라인업을 갖추었지만, 정작 대표팀에서는 비니시우스의 기량이 레알 마드리드에서만큼 빛나지 못했다는 점도 고민거리다. 다만 카를로 안첼로티 감독이 클럽에서 비니시우스를 성공적으로 활용했던 경험이 있는 만큼, 대표팀에서도 그의 잠재력을 최대치로 끌어낼 수 있을지 기대가 모아진다.

▼ 브라질의 호드리구와 콜롬비아의 조한 모지카가 볼을 다투고 있다.

10
Superstars Set to
Shake the World Cup
월드컵을 뒤흔들
10인의
슈퍼스타

01 '차세대 축구황제' 킬리안 음바페

Kylian **Mbappé**

프랑스

음바페는 현재 세계 최고의 공격수 중 한 명으로, 모나코와 파리 생제르맹을 거쳐 지금은 명문 구단 레알 마드리드에서 뛰고 있다. 프랑스 대표팀 에이스다. 2018년 월드컵 우승과 2022년 월드컵 준우승을 이끌며 이미 월드컵에서 12골을 기록한 그는 26세의 나이에 발롱도르 후보에 7번 오르며 리오넬 메시와 크리스티아누 호날두의 뒤를 이을 차세대 축구 황제로 평가받고 있다.

플레이 스타일 & 강점

음바페의 가장 큰 무기는 압도적인 스피드다. 최고 속도 38km/h에 달하는 경이로운 순간 속도를 자랑한다. 이를 적극 활용한 순간적인 가속과 감속을 통해 상대 수비를 제치고, 반 박자 빠른 슈팅으로 많은 골을 만들어낸다. 게다가 볼 컨트롤도 탁월한 데다 슈팅을 주저하지 않는 장점도 있다. 무엇보다 지난 두 번의 월드컵 결승전에서 모두 골을 넣었을 정도로(특히 2022년 카타르 월드컵 결승전에서는 해트트릭을 기록했다) 큰 경기에 강한 대담성을 지녔다. 수비 가담이 부족하다는 단점이 지적되고 있지만, 그에게 패스를 하면 골로 보답하는 선수다.

월드컵 활약

〈2026년 북중미 월드컵〉에서 음바페는 다시 한번 우승에 도전한다. 이미 2018년 러시아 월드컵에서 영 플레이어상을 수상하며 프랑스의 우승을 이끌었고, 2022년 카타르 월드컵에서는 득점왕과 함께 준우승을 경험했다. 현재 그는 팀의 주장직을 맡고 있다. 특히 월드컵 통산 12골을 기록하며 미로슬라프 클로제가 세운 월드컵 역대 최다 득점 기록(16골)에 도전할 수 있는 위치에 있다. 만약 북중미 월드컵에서 우승하고 골든볼(대회 MVP)까지 수상한다면, 펠레, 디에고 마라도나, 리오넬 메시를 잇는 역대 최고의 선수 반열에 오를 수 있을 것이다.

02 '득점 머신' 엘링 홀란

Erling Braut **Håland**
노르웨이

홀란은 맨체스터 시티(이하 맨시티) 소속으로 노르웨이 대표팀 스트라이커. 현재 세계 최고의 골 머신으로 불린다. 몰데, 레드불 잘츠부르크, 보루시아 도르트문트를 거쳐 2022년 맨시티로 이적하자마자 데뷔 시즌에 52골을 터뜨리며 프리미어 리그, 챔피언스리그, FA컵 트레블을 달성했다. 불과 24세의 나이에 클럽에서는 모든 것을 이뤄낸 축구 괴물이다. 음바페와 함께 차세대 최고의 슈퍼스타로 꼽힌다.

플레이 스타일 & 강점

홀란의 가장 큰 특징은 엄청난 득점력이다. 195cm의 큰 키에도 불구하고 놀라운 스피드와 민첩성을 통해 문전 침투에 능하며, 공간을 파고드는 오프 더 볼 움직임으로 페널티박스 안에서의 위치 선정 능력이 탁월하다. 강력하면서도 정교한 슈팅에 더해, 큰 키를 활용한 헤더 능력도 지속적으로 발전하고 있다. 강인한 피지컬로 수비수들과의 몸싸움에서 우위를 점하며, 마무리 상황에서의 침착함이 돋보인다. 다만 개인기가 좋은 선수가 아니라서 동료들의 지원이 없으면 경기 관여도가 떨어지는 단점이 있다. 이로 인해 결승전 같은 큰 경기에서는 부진할 때가 많다.

월드컵 활약

〈2026년 북중미 월드컵〉에서 25살로 전성기에 막 접어드는 홀란에게 한 가지 큰 걸림돌이 있다. 바로 노르웨이 대표팀의 전력이다. 노르웨이는 1998년 이후 월드컵 본선 진출에 실패하고 있다. 만약 월드컵 본선에 진출한다면 홀란은 음바페와 함께 득점왕 경쟁의 중심에 설 것이다. 비록 노르웨이가 우승에 도전할 전력은 아니지만, 그럼에도 홀란은 한 명의 개인 능력만으로도 어떤 팀이든 위협할 수 있기에 노르웨이가 본선에서 돌풍을 일으킨다면 자연스럽게 선수 개인에 대한 평가도 올라갈 가능성이 있다. 개인 기록보다는 팀 성적이 관건인 상황이다.

O3 '무관의 제왕' 해리 케인

Harry **Kane**
잉글랜드

해리 케인은 잉글랜드 대표팀 주장이자 현재 세계 최고의 스트라이커 중 한 명이다. 토트넘 유스 출신으로 공식 대회 280골을 넣은 후 2023년 바이에른 뮌헨으로 이적한 그는 분데스리가에서도 뛰어난 득점력을 자랑하며 2시즌 연속 득점왕을 독식하고 있다. 잉글랜드 대표팀 역대 A매치 최다 득점자(68골)이며, 2018년 월드컵 득점왕에 이어 유로 2024 득점왕에도 올라 있다.

케인의 가장 큰 강점은 골 결정력과 연계 및 패스에 있다. 강력하면서도 정교한 킥으로 많은 골을 양산해내는 그는 기본적으로 최전방 공격수지만 미드필드 라인까지 내려와서 양질의 패스를 동료들에게 공급해 많은 어시스트를 올린다. 발밑도 준수한 편이고, 수비수를 등진 상태에서 패스를 받아서 연결하는 능력도 탁월하다. 헤더 능력 역시 발전하면서 갈수록 헤더골이 늘어나고 있다. 다만 잔부상에 더해 나이를 먹어가면서 버티는 힘이 떨어지고, 민첩성도 다소 둔화되고 있다. 무엇보다도 큰 경기에 약한 모습을 보이는 새가슴 기질도 있다.

2026년 월드컵은 케인에게 마지막 월드컵이 될 가능성이 높다. 그는 잉글랜드 대표팀 주장이 된 이래로 2018년 러시아 월드컵 준결승과 유로 2020 준우승, 2022년 카타르 월드컵 8강, 그리고 유로 2024 준우승까지 매번 좋은 성적을 이끌어냈으나 우승과는 인연이 없었다. 심지어 대표팀이 아닌 소속팀에서도, 2024-25시즌에 들어서야 바이에른 소속으로 프로 통산 첫 우승 트로피(분데스리가)를 들어올린 케인이다. '무관의 제왕' 케인이 이번 월드컵에서 우승을 차지한다면 이는 선수 개인을 넘어 잉글랜드 축구사에 영원히 남을 전설이 될 것이다.

04 '슈퍼 소니' 손흥민

Son Heung-min

대한민국

손흥민은 함부르크와 바이엘 레버쿠젠을 거쳐 토트넘에서만 10년간 활약한 공격수. 지난 8월에 메이저리그사커(MLS) 최고 이적료로 LAFC로 옮긴 손흥민은 아시아 선수 최초 프리미어 리그 100골 고지를 점령했고, 2021-22시즌 23골로 아시아 선수 최초 PL 득점왕을 차지했다. 유럽 5대 리그 프로 통산 619경기 222골 115도움을 올린 그는 대한민국을 넘어 아시아 역대 최고 선수다.

플레이 스타일 & 강점

손흥민의 가장 큰 무기는 빠른 스피드와 강력하면서도 정교한 킥력이다. 여기에 더해 완벽에 가까운 양발 능력을 자랑하기 때문에, 수비 입장에서는 그를 막기 어렵다. 드리블 돌파보다는 뒷공간 침투에 능하며, 찬스 메이킹 능력도 지속적으로 발전하고 있다. 그렇다고 해서 그가 공격만 하는 선수는 아니다. 그는 적극적인 수비 가담과 강력한 전방 압박을 통해 공수 전반에 걸쳐 높은 공헌도를 보여준다. 다만 나이가 들면서 강점인 스피드가 저하되고 있고, 과거와 달리 잔부상도 발생하고 있다. 페어플레이 정신과 프로페셔널한 태도로 세계적으로 존경받는 선수이다.

월드컵 활약

2026년 월드컵은 만 34세가 되는 손흥민에게 마지막 월드컵이 될 것으로 보인다. 이를 위해 그는 정든 토트넘을 떠나 LAFC로 팀을 옮기기까지 했다. 나이로 인한 부담은 있지만, 꾸준한 자기 관리와 풍부한 경험을 바탕으로 여전히 대한민국의 에이스 역할을 맡을 것으로 전망된다. 더불어 주장인 만큼 그의 리더십은 절대적으로 필요하다. 개인적으로는 단 한 골만 추가하면 월드컵 통산 4골을 기록하며 한국 선수 최다 득점 기록을 세우게 된다. 만약 대한민국이 역사상 첫 원정 월드컵 8강 진출에 성공한다면, 손흥민은 한국 축구사에 또 하나의 위대한 업적을 남기게 될 것이다.

05 '완성형 센터백' 후벵 디아스

Rúben **Dias**

포르투갈

후벵 디아스는 맨체스터 시티 소속(최근 2029년까지 4년 연장 계약 체결)의 포르투갈 대표팀 중앙 수비수로, 현재 세계 최고의 센터백 중 한 명이다. 특히 2020-21 시즌에는 프리미어 리그 올해의 선수상을 수상했다. 펩 과르디올라 감독의 수비 시스템 핵심으로 자리 잡아 맨체스터 시티의 PL 4연패와 2022-23시즌 트레블(PL, 챔피언스 리그, FA컵 3관왕) 달성에 크게 기여했다.

플레이 스타일 & 강점

디아스의 가장 큰 강점은 뛰어난 수비 리딩 능력이다. 강력한 리더십과 뛰어난 동료들과의 소통 능력을 바탕으로 수비 라인을 조직하고 지휘하는 데 능숙하다. 판단력도 좋아 전진해야 할 때와 물러서야 할 때를 잘 구분하며, 상대의 공격 패턴을 빠르게 파악해 태클과 가로채기로 위기 상황을 차단한다. 발밑 기술이 뛰어나 시의적절하게 좋은 위치로 패스를 하며, 후방에서 공격을 조립해 나가는 '볼 플레이잉 센터백'의 전형을 보여준다. 말 그대로 완성형 센터백이라 할 수 있다. 다만 최근 부상 빈도가 늘면서 기복이 있다는 점은 아쉬운 부분이다.

월드컵 활약

2026년 월드컵에서 29세로, 수비수 기준 완전한 전성기에 접어드는 디아스는 포르투갈의 우승 도전을 이끌 핵심 인물이다. 주장 크리스티아누 호날두의 나이가 월드컵 기준 41세가 되어 경기를 이끄는 영향력이 줄어들 가능성이 높기에 실질적인 포르투갈 대표팀 리더 역할을 담당할 것으로 보인다. 브루누 페르난데스, 베르나르두 실바, 비티냐, 주앙 네베스 등 화려한 미드필더 라인에 비해 신뢰할 수 있는 센터백은 디아스 한 명뿐. 포르투갈 대표팀이 유로 2016에 이어 두 번째로 메이저 대회 트로피를 차지하기 위해서는 그의 존재가 중요하다.

06 '중원의 사령관' 엔소 페르난데스

Enzo **Fernández**
아르헨티나

엔소 페르난데스는 아르헨티나 대표팀의 중앙 미드필더. 2022년 카타르 월드컵에서 21세의 나이로 우승에 크게 기여하면서 대회 영 플레이어상을 수상했다. 이에 힘입어 그는 2023년 1월 벤피카에서 첼시로 1억 2,100만 유로(한화 약 2천억)에 이적해 프리미어 리그 이적료 신기록을 세웠다. 이미 세계 최정상급 미드필더로, 이제 막 전성기에 돌입한 나이인 만큼 앞으로의 활약이 기대된다.

플레이 스타일 & 강점

엔소의 가장 큰 강점은 뛰어난 패스 능력을 기반으로 한 후방 플레이메이킹이다. 짧은 패스와 롱패스를 모두 정교하게 구사할 뿐 아니라, 적재적소에 볼을 공급할 수 있는 시야와 판단력도 갖추고 있다. 또한 강력한 중거리 슈팅력을 지니고 있으며, 첼시에 합류한 이후 공격형 미드필더 역할을 수행하는 빈도가 늘면서 뒤늦게 공격 재능까지 발휘하고 있다. 24세의 나이에도 리더십을 보여, 주장 완장을 차고 경기에 나서는 경우도 종종 있다. 다만 수비형 미드필더로서 수비력이 뛰어난 편이 아니며, 압박을 이겨내고 전진하는 드리블 능력은 다소 부족하다.

월드컵 활약

2026년 월드컵에서 25세가 되는 엔소는 아르헨티나의 디펜딩 챔피언 도전을 이끌 핵심 인물이다. 에이스이자 주장인 리오넬 메시가 월드컵 기준 39세에 접어드는 점을 감안하면, 사실상 팀의 새로운 중심으로 부상할 전망이다. 이미 2022년 월드컵에서 우승 경험을 쌓은 만큼 큰 무대에 대한 부담도 적다. 그는 중원에서 정교한 플레이메이킹과 득점 기여를 통해 사령관 역할을 충실히 수행할 것으로 기대된다. 만약 월드컵 2연패에 성공한다면, 엔소는 골든볼(대회 MVP) 수상이 유력해질 뿐 아니라 메시의 뒤를 잇는 아르헨티나의 새로운 전설로 자리매김될 것이다.

07 '현대 센터백' 알렉산드로 바스토니

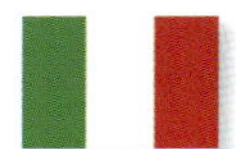

Alessandro **Bastoni**
이탈리아

알렉산드로 바스토니는 인테르 소속의 이탈리아 대표팀 중앙 수비수로, 현역 최고의 왼발잡이 센터백 중 한 명으로 평가받는다. 인테르에서 많은 우승 트로피를 들어올렸고, 2023-24시즌과 2024-25시즌 연속으로 세리에A 최우수 수비수에 선정됐다. 그러나 대표팀에서는 백업 멤버로 뛰었던 유로 2020 우승 외에는 뚜렷한 성과가 없어, 다가올 월드컵에서의 활약이 중요한 분수령이 될 전망이다.

바스토니는 전형적인 볼플레잉 센터백으로 정교한 왼발 킥을 통해 전방에 양질의 패스를 공급한다. 스피드가 빠른 편은 아니지만, 뛰어난 판단력을 바탕으로 측면까지 커버하며 측면 수비수 못지 않은 날카로운 크로스로 어시스트를 기록하는 등 공수 양면에서 큰 영향력을 발휘하는 선수이다. 다만 190cm의 장신임에도 운동 능력이 다소 떨어지는 탓에 한때 수비력에 대한 지적이 있었으나, 경기 경험을 쌓으면서 이러한 약점도 점차 개선되고 있다. 센터백에게도 공격적인 기여를 요구하는 현대 축구의 흐름에 완벽히 부합하는 선수다.

2026년 월드컵에서 27세가 되는 바스토니는 수비수로서 전성기에 접어들며 이탈리아의 핵심 축으로 자리할 전망이다. 전통적으로 수비에 강한 이탈리아지만 최근 두 대회 연속 월드컵 본선 진출에 실패했기에, 과거의 명성을 되찾기 위해서는 견고한 수비 라인이 필수적이다. 바스토니 개인으로도 메이저 대회 본선 출전 경력이 유로 2020 조별리그 1경기에 그치고 있어, 이번 대회는 경력의 분수령이 될 무대다. 그가 자친토 파케티, 파올로 말디니, 조르지오 키엘리니로 이어지는 '이탈리아 명품 왼발 수비수'의 계보를 잇기 위해서는 월드컵에서의 활약이 절대적이다.

08 '측면 파괴자' 비니시우스 주니오르

Vinícius **Júnior**
브라질

비니시우스 주니오르는 레알 마드리드 소속의 브라질 대표팀 공격수로, 현재 세계 최고의 윙어 중 한 명으로 꼽힌다. 2018년 플라멩구에서 레알로 이적한 뒤 꾸준히 성장해, 2021-22시즌과 2023-24시즌 챔피언스리그 우승의 중심 역할을 했다. 2024년에는 발롱도르 2위에 오르며 커리어 최고 전성기를 누렸고, 24세의 젊은 나이로 네이마르의 뒤를 잇는 브라질 차세대 에이스로 평가받고 있다.

비니시우스의 가장 큰 무기는 압도적인 스피드를 활용한 드리블 돌파다. 주로 왼쪽 윙에서 출발해 터치라인을 따라 질주하거나 중앙으로 파고들며 상대 수비를 흔든다. 뛰어난 민첩성과 바디 페인팅(Body Feinting) 덕분에 1대1 상황에서는 그를 막기 어렵다. 과거엔 슈팅 기복이 가장 큰 약점으로 꼽혔지만, 2021-22시즌을 기점으로 마무리 능력이 향상돼 4시즌 연속 두 자릿수 득점을 기록 중이다. 크로스와 컷백을 활용한 어시스트 능력도 뛰어나 동료들을 살려주는 플레이에 능하다. 다만 경기력의 기복이 있고, 상대의 도발에 쉽게 반응하는 성향이 있다.

2026년 월드컵에서 비니시우스는 전성기의 한가운데인 25세로, 브라질의 우승 도전을 이끌 절대적 에이스로 부상해 있다. 그는 레알 마드리드에서 큰 경기일수록 강한 면모를 보이며 챔피언스리그 2회 우승에 크게 기여했지만, 대표팀에서는 기대에 미치지 못해 A매치 41경기에서 7골에 그치는 아쉬움을 남겼다. 브라질은 2002년 이후 월드컵 우승이 없어, 그에게는 기대와 부담은 막중하다. 만약 클럽에서의 기량을 대표팀에서도 재현해 24년 만의 월드컵 우승을 안긴다면, 그는 펠레·호나우두·호나우지뉴의 뒤를 잇는 브라질 축구의 새로운 전설이 될 것이다.

09 '천재 플레이메이커' 플로리안 비르츠

Florian **Wirtz**
독일

플로리안 비르츠(22세)는 분데스리가 역대 최연소 득점 2위 기록(17세)을 세우며 혜성처럼 등장했다. 치명적인 십자인대 파열로 1년 가까이 결장하는 시련을 겪었지만, 복귀 후 2시즌 연속 두 자릿수 득점과 도움을 동시에 기록하며 분데스리가 최정상급 공격형 미드필더로 자리매김했다. 이번 시즌 프리미어리그 역대 최고 이적료인 1억 2,500만 유로(약 2천억 원)에 리버풀로 이적, 더 큰 기대를 모으고 있다.

플레이 스타일 & 강점

비르츠의 가장 큰 강점은 간결하면서도 효율적인 플레이에 있다. 뛰어난 드리블 기술을 갖추고 있음에도 불필요하게 볼을 끌지 않고, 한두 번의 터치로 상대를 제친다. 여기에 동료와의 2대1 패스나 원터치 패스 후 침투를 통해 극도로 효율적인 공격을 전개한다. 뛰어난 축구 지능과 넓은 시야를 바탕으로 단 몇 번의 터치로 수비 라인을 무너뜨리며 골에 직·간접적으로 관여한다. 오프 더 볼 움직임 또한 뛰어나 수비 입장에서 막기 까다롭다. 다만 신체 조건이 특출나지 않아 몸싸움에 약한 편이며, 과거 십자인대 파열 경험이 있어 꾸준한 관리가 필요하다.

월드컵 활약

2022년 카타르 월드컵에는 부상으로 불참했지만, 20대 초반의 전성기와 폭발적인 성장세가 맞물리며 이번 대회는 그의 무대가 될 것으로 보인다. 독일 축구 역사상 보기 드문 재능으로 평가받는 그는 팀의 핵심 플레이메이커 역할을 맡게 될 것이며, 뛰어난 창의성과 게임 메이킹 능력으로 대표팀 공격 화력을 배가시키고 전술 완성도를 한층 끌어올릴 것으로 기대된다. 더구나 동갑내기이자 또 다른 독일의 천재 공격형 미드필더인 자말 무시알라가 지난 7월 FIFA 클럽 월드컵에서 발목 골절상을 당한 만큼, 비르츠의 책임과 역할은 더욱 막중해졌다.

10 '메시의 후계자' **라민 야말**

Lamine **Yamal**
스페인

라민 야말은 이제 18세에 불과하지만, 소속팀 바르셀로나와 스페인 대표팀에서 각종 최연소 기록을 갈아치우며 리오넬 메시의 뒤를 이을 차세대 축구 황제로 불린다. 2024년, 17세의 나이로 세계 최고의 21세 이하 선수에게 주어지는 트로페 코파를 수상했고, 역대 최연소 발롱도르 후보에도 올랐다. 이러한 업적과 기량을 고려하면, 그를 세계 최정상급 윙어로 평가해도 전혀 무리가 없다.

플레이 스타일 & 강점

야말의 주 포지션은 우측 윙어로, 유려한 볼 컨트롤과 드리블이 그의 최대 강점이다. 로빙 패스와 스루 패스를 통한 기회 창출, 정교한 크로스, 강력한 중거리 슈팅 등 공격 전 영역에서 재능을 발휘한다. 18세라는 어린 나이에도 경기를 읽는 능력과 순간 판단력이 탁월하며, 빠른 스피드와 정교한 터치로 수비수를 손쉽게 제친다. 개인 기량에만 의존하지 않고 팀 플레이에서도 뛰어난 센스를 발휘해 동료들과의 호흡도 뛰어나다. 다만 결정력은 아직 완벽하지 않아, 이 부분을 보완한다면 메시의 뒤를 잇는 축구 황제로 등극할 가능성이 크다.

월드컵 활약

〈2026년 북중미 월드컵〉에서도 야말은 여전히 10대에 불과하다. 유로 2024에서 약관 17세의 나이로 7경기 1골 4도움을 기록하며 스페인 우승의 일등공신으로 떠오른 그는, 첫 월드컵 무대에서 한층 더 성숙하고 완성된 경기력으로 팀의 중추적 역할을 담당할 것으로 기대된다. 전술적 유연성과 경기 운영 능력이 이미 성인 수준에 달해 감독의 핵심 전력으로 꼽히고 있으며, 월드컵 영 플레이어상 수상 가능성도 매우 높다. 만약 그가 팀을 우승으로 이끈다면 이번 대회는 스페인을 넘어 세계 축구사에 새로운 시대를 여는 대관식으로 길이 남을 것이다.

아시아를 넘어, 역사를 쓰다!
〈2002 한일월드컵〉 한국 4강 진출

대한민국의 안정환 선수가 2002년 6월 22일, 한국 광주 월드컵 경기장에서 열린 2002 FIFA 월드컵 8강전에서 스페인의 나달에게 태클을 당하고 있다. 경기는 연장전까지 0-0으로 끝났으며, 한국이 승부차기에서 5-3으로 승리했다.

WORLD CUP LEGENDS 10

월드컵의 전설 10

영원히 새겨진 이름들

'월드컵 그 자체'

01 

펠레 / 브라질

Pele, Edson Arantes do Nascimento

'축구 황제' 펠레는 화려한 플레이와 함께 역사상 전무후무한 월드컵 3회 우승(1958, 1962, 1970년)을 이끌며 월드컵을 전 세계적으로 흥행시킨 인물이다. 그의 등장 이후 등번호 10번은 팀의 에이스를 상징하는 번호가 되었고, 월드컵 무대에서 보여준 그의 활약은 축구 역사에 영원히 지워지지 않는 족적을 남겼다. 감히 축구는 펠레 이전과 이후로 나뉜다고 해도 과언이 아니다.

펠레의 월드컵은 1958년 스웨덴 월드컵에서 17세의 나이로 화려하게 시작했다. 당시 월드컵 역대 최연소 나이로 대회에 참가한 그는, 첫 2경기에서 벤치를 지켰으나 소련과의 조별리그 최종전에서 선발 출전해 도움을 기록했다. 이어 토너먼트 8강전 월드컵 데뷔골(대회 역대 최연소 득점)과 준결승전 해트트릭에 더해 결승전에서도 2골을 넣으며 브라질의 첫 월드컵 우승을 견인했다. 17살의 어린 선수가 월드컵에 첫 참가하여 4경기 6골 2도움을 올렸으니, 이는 곧 펠레 전설의 시작이었다.

이어진 1962년 칠레 월드컵에서 펠레는 멕시코와의 조별리그 첫 경기에서 1골 1도움을 올리며 좋은 출발을 알렸다. 그러나 체코슬로바키아와의 2차전에서 햄스트링 부상을 당해 이후 출전하지 못했다. 하지만 브라질은 펠레 없이도 승승장구하여 2연속 월드컵 우승 트로피를 들어 올렸다.

펠레 개인에게 있어 가장 아쉬웠던 대회는 1966년 잉글랜드 월드컵이었다. 그는 불가리아와의 1차전에서 골을 넣으며 2-0 승리를 견인했으나 지난 월드컵 때와 마찬가지로 부상을 당해 헝가리와의 2차전에 결장했고, 팀은 1-3으로 패했다. 이어진 포르투갈과의 조별리그 최종전에서 그는 부상 상태로 무리하게 출전을 감행했지만 브라질은 1-3으로 패하며 탈락의 고배를 마셔야 했다.

펠레의 마지막 월드컵은 1970년 멕시코였다. 이 대회에서 부상 없이 6경기 모두 풀타임 출전한 그는 4골 6도움을 올리는 괴력을 과시하며 브라질의 3번째 우승을 견인했다. 이 덕에 브라질은 월드컵 우승 트로피인 쥘리메컵을 영구 소장하게 되는 영광을 안을 수 있었다. 펠레는 월드컵 그 자체였으며, 그의 이야기는 곧 월드컵의 역사이다.

펠레의 월드컵은 1958년 스웨덴 월드컵에서
17세의 나이로 화려하게 시작했다.
17살의 어린 선수가 월드컵에 첫 참가하여
4경기 6골 2도움을 올리며
축구 황제의 등장을 알린 펠레였다.

02 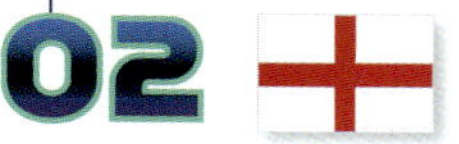

바비 무어 / 잉글랜드

Bobby **Moore**

바비 무어는 1962년부터 1970년까지 세 번의 월드컵에서 활약했고, 특히 1966년 자국 월드컵에서 팀의 주장으로 잉글랜드 축구 역사상 가장 위대한 순간을 만들어낸 전설적인 수비수다.

1962년 칠레 월드컵에서 21세 나이로 첫 월드컵 무대를 밟은 그는 비록 8강에서 브라질에 1-3으로 패하며 탈락했지만, 당대 최강팀을 상대로 차분한 수비와 뛰어난 리더십을 보여 주목받았다. 이에 그는 22살의 어린 나이에도 대표팀 주장이 되는 영예를 얻었고, 자연스럽게 1966년 잉글랜드 월드컵을 앞두고 그에 대한 기대감이 높아졌다.

1964년 말 고환암에 걸려 수술을 받았음에도 불굴의 정신력으로 복귀한 그는 강력한 리더십과 완벽에 가까운 수비력을 발휘하며 축구 종주국 잉글랜드 역사상 유일한 월드컵 우승을 이끌었다. 1966년 월드컵 개막전을 시작으로 4경기 연속 무실점을 이끌어낸 그는 포르투갈과의 준결승전에서 동료 선수의 핸드볼 반칙으로 페널티 킥 실점을 허용하기 전까지 442분 무실점 기록을 이어가는 괴력을 발휘했다. 이어진 서독과의 결승전에서 연장까지 가는 접전 끝에 2실점을 허용했으나, 그는 18분경 정교한 프리킥으로 제프 허스트의 1-1 동점골을 어시스트한 데 이어 연장 종료 직전 다시 한 번 허스트의 골을 어시스트하며 4-2 승리를 견인했다.

1970년 멕시코 월드컵을 앞두고는 그에게 악재가 있었다. 무어와 잉글랜드 에이스 보비 찰튼, 그리고 앨런 볼이 호텔 근처 귀금속 상점에서 금 팔찌를 훔친 혐의로 체포되는 ‘보고타 팔찌 사건’이 발생해 가택 연금되고 만 것. 다행히 무죄가 입증된 그는 연신 뛰어난 수비를 펼쳐 보였으나 서독과의 8강전에서 연장 접전 끝에 2-3으로 패하며 탈락의 고배를 마셔야 했다.

무어는 세 번의 월드컵에서 14경기 모두 출전해 풀타임을 소화했다. 특히 리더십과 수비 지휘 능력 덕에 잉글랜드의 영원한 주장으로 불리고 있다. 더 놀라운 건 그가 항상 상대방을 먼저 배려하는 신사적인 플레이를 펼쳤고, 1970년 월드컵에선 단 한 번의 파울도 범하지 않으며 ‘축구는 신사의 스포츠’라는 말을 몸소 실천했다는 사실이다.

1962년 칠레 월드컵에 데뷔,
뛰어난 지도력으로 주목받았다.
이후 고환암을 극복하고 불굴의 정신력으로
복귀, 1966년 잉글랜드 역사상
첫 월드컵 우승을 이끌었다.

<h1>'축구 전술의 혁신가'</h1>

03 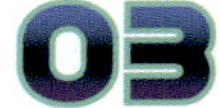 프란츠 베켄바워 / 독일 Franz **Beckenbauer**

'카이저(황제)'라는 애칭으로 불리는 프란츠 베켄바워는 1966년부터 1974년까지 세 번의 월드컵에서 서독 대표팀의 핵심 선수로 활약하며 독일 역대 최고의 선수로 자리 잡았다. 특히 공격하는 수비수 '리베로(이탈리아어로 자유인)'라는 포지션을 탄생시키며 역대 최고의 수비수라는 명성과 함께 축구사에 큰 족적을 남겼다.

1966년 잉글랜드 월드컵 당시 20세의 나이로 베켄바워는 첫 월드컵 무대에 나섰다. 그는 미드필더로 6경기에 출전해 4골을 넣으며 팀을 결승으로 이끌었다. 비록 팀은 개최국 잉글랜드에게 연장 접전 끝에 2-4로 패하며 준우승에 그쳤으나 새로운 스타의 탄생을 알린 월드컵이었다.

이어진 1970년 멕시코 월드컵에서 베켄바워는 진정한 리더로 성장한 모습을 보여주었다. 잉글랜드와의 8강전에서 상대 에이스 보비 찰튼을 집중 마크하며 지치게 만들었고, 0-2로 지고 있던 68분경 추격골을 넣었다. 그의 활약 덕에 서독은 연장 접전 끝에 잉글랜드를 꺾고 준결승에 진출했다. 비록 이탈리아와의 준결승전에서 서독은 연장 접전 끝에 3-4로 석패했으나, 그는 어깨가 탈골되는 부상에도 불구하고 깁스를 한 채 끝까지 뛰는 투지를 보여주었다. 두 경기 연속 연장 접전을 치르며 정신력의 상징이 된 베켄바워였다. 결국 그는 우루과이와의 3, 4위전에 결장했고, 팀은 1-0으로 승리하며 3위를 차지했다(이는 그가 참가한 3번의 월드컵 대회 중 유일한 결장 경기였다).

1974년, 자국에서 열린 월드컵에 주장으로 참가한 그는 수비에서 시작해 중원을 거쳐 공격까지 자유자재로 오가는 혁신적인 플레이를 펼쳤고, 당대 최고의 선수 요한 크루이프가 이끄는 네덜란드와의 결승전에서 2-1 역전승을 이끌며 서독에 2번째 월드컵 우승을 선사했다.

이후 선수 경력을 마무리한 그는, 1990년 이탈리아 월드컵에서 감독으로 다시 한 번 서독의 우승을 견인하며 축구 선수와 감독으로 모두 우승한 역대 두 번째 인물(첫 번째는 브라질의 마리우 자갈루)로 월드컵 역사에 이름을 새겼다. 그는 단순한 선수를 넘어 축구 전술의 혁신가이자 정신력의 상징이었다.

'토너먼트 신화'

04 파올로 로시 / 이탈리아 Paolo **Rossi**

파올로 로시는 1978년과 1982년 두 번의 월드컵에서 이탈리아 대표팀의 핵심 공격수로 활약했고, 특히 1982년 월드컵에서 두고두고 회자될 만한 전설적인 토너먼트 득점 행진을 보여주었다. 1978년 아르헨티나 월드컵 당시 21세의 나이에 첫 월드컵 무대에 나선 그는, 7경기 모두 선발 출전해 3골 2도움을 기록하며 이탈리아의 준결승 진출에 기여했다. 비록 팀은 4위에 그쳤으나 차세대 이탈리아 간판 스트라이커의 등장을 알리며 4년 후를 기대케 한 로시였다.

하지만 그는 1980년 축구 도박 스캔들(토토네로)에 휘말렸고, 뇌물 수수 혐의로 3년 자격 정지라는 중징계를 받았다. 선수 생활의 최대 위기였지만, 다행히 2년 감면되어 1982년 4월 29일에 복귀다. 하지만 1982년 스페인 월드컵 조별리그 4경기 연속 무득점이라는 끔찍한 부진에 시달려야 했다. 당연히 이탈리아 언론들은 로시의 부진을 강도 높게 비판했다. 그러나 엔초 베아초르트 감독은 그에 대한 신뢰를 이어갔다. 로시는 우승후보 브라질과의 2차 조별리그 2차전에서 해트트릭을 기록하며 3-2 승리를 홀로 이

끌었고, 이는 이탈리아가 세계 최강 브라질을 꺾는 역사적 경기였다. 이어진 폴란드와의 준결승전에서도 멀티골을 넣으며 2-0 승리를 견인했다. 그리고 서독과의 결승전에서도 그는 선제골과 함께 3-1 승리를 이끌며 조국에 2번째 월드컵 우승을 선사했다. 첫 4경기에서 무득점에 그쳤으나 이후 3경기에서 6골을 몰아넣으며 득점왕과 동시에 골든볼(대회 최우수 선수)의 영예를 안은 로시였다.

1986년 멕시코 월드컵에서는 출전 명단에 들긴 했으나 월드컵 직전에 있었던 중국과의 평가전에서 부상을 당하면서 단 1경기도 출전하지 못한 채 이탈리아의 16강 탈락을 벤치에서 지켜봐야 했다.

이대로 그의 월드컵 출전 행보는 막을 내렸다. 그러나 로시는 이미 1982년 월드컵을 통해 단순히 이탈리아 간판 스트라이커를 넘어 월드컵의 전설이 됐다. 그의 극적인 복귀와 폭발적인 골 결정력은 월드컵 역사상 가장 위대했던 토너먼트 여정 중 하나로 전세계 축구 팬들의 마음에 기억되고 있다.

'축구의 신'

05

디에고 마라도나 / 아르헨티나

Diego Maradona

디에고 마라도나는 1982년부터 1994년까지 네 번의 월드컵에 참가했고, 특히 1986년 멕시코 월드컵에서 개인 능력으로 팀의 우승을 이끈 축구 역사상 가장 위대한 선수 중 한 명이다.

어린 시절부터 '천재'라는 찬사를 받았던 그는 21세의 나이로 1982년 스페인 월드컵에 첫 출전했다. 그러나 당시 아르헨티나는 잉글랜드와 포클랜드 전쟁 중이었기에 심리적으로 불안정했던 데다가 상대의 집중 견제에 시달려야 했다. 심지어 브라질과의 2차 조별리그에선 거친 파울로 퇴장당하며 대회를 씁쓸하게 마감해야 했다.

1986년 멕시코 월드컵은 마라도나 전설의 완성이었다. 조별리그 첫 경기에서 대한민국을 상대로 도움 해트트릭을 기록하며 3-1 승리를 이끌었고, 이탈리아전에서는 동점골을 넣어 1-1 무승부를 만들었다. 특히 잉글랜드와의 8강전은 그의 월드컵 활약 중 백미였다. 후반 6분경, 손으로 넣은 '신의 손' 골에 이어 4분 후엔 수비수 5명과 골키퍼까지 제치는 60m 드리블 골을 터뜨리며 2-1 승리를 이끌었다. 벨기에와의 준결승에서 멀티골로 2-0 승리를 견인했고, 서독과의 결승에선 84분에 결승골을 어시스트하며 3-2 승리를 완성했다. 7경기에서 5골 5도움을 기록, 팀이 넣은 14골 중 10골에 직접 관여하는 괴력을 발휘한 마라도나였다.

1990년 이탈리아 월드컵에서는 아르헨티나의 전력 약화로 팀 자체가 수비적인 전술을 구사했던 데다가 그 역시도 발목 부상 후유증으로 이전 월드컵에 비해 공헌도가 떨어졌으나, 여전히 중심 역할을 맡아 결승 진출을 이끌었다. 하지만 서독과의 결승전에서 0-1로 패하며 준우승에 머물렀다. 1994년 미국 월드컵에선 그리스전에서 골을, 나이지리아전에서 도움을 기록하며 건재를 과시했다. 그러나 도핑 검사에서 약물 양성 반응이 나오며 대회에서 퇴출당했고, 이는 그의 커리어에 지울 수 없는 오점이 됐다.

'축구의 신'이라 불리는 마라도나는 논란과 천재성을 모두 지닌 인물이었다. 특히 1986년의 활약은 한 명의 선수가 어떻게 팀 스포츠에서 절대적인 차이를 만들어낼 수 있는지를 극명하게 보여준 완벽한 사례로, 축구사에 영원히 남게 될 것이다.

1986년 멕시코 월드컵은
한 명의 선수가 팀의 우승을 이끈,
'마라도나의 전설'이 완성된 경기였다.
그는 논란과 천재성을 동시에 지닌
'축구의 신'이다.

06  호나우두 / 브라질   **Ronaldo**, Luiz Nazario De Lima

호나우두는 1998년, 2002년, 2006년 총 3번의 월드컵에 출전하며 브라질 축구 역사상 가장 위대한 스트라이커로 자리매김했다. 그의 월드컵 여정은 영광과 좌절, 극적인 부활이 교차하는 드라마 그 자체였다.

17살의 어린 나이에 1994년 미국 월드컵 선수단에 이름을 올린 그는 브라질의 우승을 벤치에서 지켜봐야 했다. 그러나 4년 후에 열린 1998년 프랑스 월드컵은 그의 무대였다. 그는 엄청난 스피드와 폭발적인 돌파력으로 월드컵 준결승전까지 6경기에서 4골 3도움을 올리며 팀의 결승 진출을 견인했다. 하지만 결승전을 앞두고 수면 중 발작 증세와 함께 의식을 잃는 충격적인 사건이 발생했다. 결국 컨디션 난조로 본래 실력을 발휘하지 못한 채 프랑스에게 0-3 완패하며 준우승에 머물렀다. 골든볼(대회 MVP)를 수상하고도 이 경기는 호나우두에게 평생의 상처로 남았다.

2002년 한일 월드컵은 호나우두의 진정한 부활 무대였다. 고질적인 무릎 부상을 연달아 입으면서 1999년부터 2002년 4월까지 많은 경기에 결장했으나 월드컵 본선에 맞춰 복귀한 그는 7경기에 출전해 8골을 터뜨리며, 득점왕에 올랐다. 1974년 월드컵(그제고시 라토, 7골) 이후 묶여있었던 6골 장벽을 넘어서며 득점왕을 차지, 월드컵 역사를 새로 썼다. 특히 독일과의 결승전에서 2골을 기록하며 브라질의 5번째 월드컵 우승을 이끌었다. 그를 월드컵의 전설로 만들어준 경기였다. 2006년 독일 월드컵에서는 29세의 나이로 3골을 기록하며 비록 브라질이 8강에서 프랑스에게 탈락했지만, 여전히 월드클래스의 면모를 과시했다. 이 대회를 통해 호나우두는 월드컵 개인 통산 15골이라는 대기록을 세우며 종전 월드컵 최다 골이었던 게르트 뮐러의 14골을 경신했다.

호나우두의 '경이로운 월드컵' 활약상은 단순한 기록 이상의 의미를 지니고 있다. 1998년 월드컵 결승전 악몽과 이후 연달아 이어졌던 치명적인 부상 불운을 모두 이겨내고 월드컵 트로피를 들어올리며 인간 승리 드라마를 썼다는 사실이다. 그는 펠레 → 호나우두 → 호나우지뉴 → 네이마르로 이어지는 브라질 축구 슈퍼스타 계보의 핵심이며, 지금도 많은 팬들은 '역대 최고의 No. 9'으로 그를 추억하고 있다.

'마에스트로'

 **07** 지네딘 지단 /프랑스 Zinedine **Zidane**

지네딘 지단은 1998년과 2006년 월드컵에서 프랑스 대표팀의 핵심 선수로 활약하며, 축구 역사에 남을 숱한 전설적인 순간들을 만들어냈다. 그는 공격형 미드필더로서 뛰어난 기술과 경기 운영 능력을 바탕으로 프랑스 축구를 예술의 경지로 끌어올렸다. 프랑스는 에릭 칸토나, 장피에르 파팽, 다비드 지놀라 같은 훌륭한 공격 자원들이 많았음에도 1990년과 1994년 월드컵 본선 진출에 연달아 실패하는 수모를 겪었다. 이에 프랑스는 쟁쟁한 선배들을 내치고 지단 중심으로 팀을 개편하는 강수를 두었다.

26세의 나이에 월드컵에 처음 참가한 지단은 남아공과의 조별리그 1차전에서 선제골을 어시스트하며 성공적인 데뷔를 알렸으나, 사우디아라비아와의 2차전에서 거친 반칙으로 퇴장을 당해 2경기 출전 정지 징계를 받았다. 하지만 8강전에 복귀한 그는 연신 맹활약하며 프랑스의 사령관 역할을 톡톡히 해냈고, 브라질과의 결승전에서는 전반 27분과 45분에 연속 헤딩골을 터뜨려 3-0 대승을 이끌었다. 이 활약 덕분에 프랑스는 첫 월드컵 우승을 차지했고, 지단은 발롱도르와 FIFA 올해의 선수상을 수상하며 세계 최고의 선수로 인정받았다.

프랑스는 지단 체제에서 1998년 월드컵과 유로 2000을 연달아 제패하며 황금기를 구가했다. 당연히 2002년 한일 월드컵에서도 우승 후보 1순위였다. 그러나 월드컵 직전 대한민국과의 평가전에서 지단이 부상당하는 악재를 맞았고, 그의 공백탓에 조별리그 탈락이라는 충격적인 결과를 맞았다.

2006년 독일 월드컵은 34세 지단의 마지막 무대였다. 그는 스페인과의 16강전 1골 1도움(3-1 승)에 이어 브라질과의 8강전에서도 결승골을 어시스트했다(1-0 승). 포르투갈과의 준결승전에서는 페널티킥 결승골을 넣으며 프랑스를 결승(1-0 승)으로 이끌었다. 그러나 이탈리아와의 결승전에서 페널티킥으로 선제골을 넣고도 마르코 마테라치의 도발을 참지 못하고 박치기를 해 퇴장당했다. 결국 프랑스는 승부차기 끝에 준우승에 머물렀다.

지단은 환상적인 플레이메이킹으로 팀 공격을 진두지휘했고, 중요 순간마다 골과 도움을 기록하며 팀을 구해냈다. 지단 없는 프랑스 축구는 상상하기 어려울 정도였다.

08

잔루이지 부폰 / 이탈리아

Gianluigi **Buffon**

28년이라는 오랜 기간 동안 정상급 골키퍼로 활약한 잔루이지 부폰은 1998년, 2002년, 2006년, 2010년, 2014년 총 5번의 월드컵에 참가하며 이탈리아를 넘어 세계 최고의 골키퍼로 군림했다. 그는 역사상 가장 안정적이고 완벽했던 월드컵 골키퍼 중 한 명으로 평가받으면서 세계 축구사에서도 상징적인 인물이 되었다. 처음 참가한 1998년 프랑스 월드컵 당시, 그는 20세의 젊은 골키퍼로 출전 기회를 잡지 못한 채 선배 잔루카 팔류카의 활약을 벤치에서 봐야 했다. 월드컵 이후 쟁쟁한 선배들을 제치고 주전 골키퍼 자리를 차지하는 데 성공했으나, 유로 2000 본선을 앞두고 부상으로 이탈리아의 준우승을 TV로 지켜봐야 했다.

그가 메이저 대회 본선에서 주전으로 첫선을 보인 무대는 2002년 한일 월드컵이었다. 하지만 16강에서 대한민국을 상대로 안정환에게 연장전 골든골을 허용하며 조기 탈락의 아픔을 겪었다. 이는 부폰에게 큰 상처였지만, 4년 뒤 더 큰 영광을 얻게 되는 전화위복의 계기가 되었다.

2006년 독일 월드컵은 부폰 커리어의 절정이었다. 그는 대회 내내 철벽 방어를 선보이며 무려 27번의 선방과 함께 이탈리아의 월드컵 우승을 견인했다. 그가 실점한 2골은 자책골과 결승전 페널티킥뿐이었다. 상대에게 단 한 번도 필드골을 허용하지 않은 셈이다. 특히 결승전에서 상대 에이스 지네딘 지단의 골과 다름없는 헤딩슛을 손끝으로 쳐내면서 선방한 건 대회 최고의 명장면 중 하나였다. 이 활약으로 부폰은 월드컵 최우수 골키퍼에게 주어지는 야신상을 수상했다.

2010년 남아공 월드컵과 2014년 브라질 월드컵에서는 팀 부진으로 연달아 조별리그에서 조기 탈락하며 아쉬움을 남겼지만, 여전히 월드클래스 골키퍼다운 선방을 이어갔다.

부폰의 월드컵 기록은 이탈리아 축구사의 전설로 남았다. 2006년 야신상 수상과 월드컵 우승이라는 최고의 영예, 그리고 5회 연속 월드컵 참가라는 대기록을 세운 그는 잦은 부상에도 28년 동안 세계 정상급 기량을 유지했다. 그가 역대 최고의 골키퍼 중 한 명으로 꼽히는 것은 결코 허명이 아니다.

한일 월드컵에 주전으로 첫선을 보였으나,
그의 절정은 2006년 독일 월드컵에서였다.
필드 골을 하나도 허용하지 않고
우승을 견인,
세계 최고의 골키퍼로 평가됐다.

09

미로슬라프 클로제 / 독일

Miroslav **Klose**

미로슬라프 클로제는 선수 경력 초기만 하더라도 무명에 가까운 선수였으나, 2002년, 2006년, 2010년, 2014년 총 4번의 월드컵에 출전하며 월드컵 역대 최다 골 기록과 함께 대기만성의 표본으로 자리 잡았다.

클로제는 고등학교 때 목공 일을 하며 7부 리그에서 뛰었고, 19살에 5부 리그를 거쳐 21살에 카이저슬라우턴 2군(3부)에 입단했다. 그리고 22살이 다 되어갈 무렵에야 카이저슬라우턴 1군에 이름을 올리면서 1부 무대를 밟았다. 다른 전설적인 선수들과 비교했을 때 1부 리그 데뷔가 다소 늦었다. 그러나 이후 빠르게 성장한 그는 24세에 출전한 2002년 한·일 월드컵에서 감동적인 데뷔를 했다. 5골과 함께 실버슈(득점 2위)를 수상하면서 독일의 준우승에 기여한 것. 다만 그의 득점은 조별리그에서 멈췄고, 5골 중 3골이 사우디아라비아를 상대로 나온 것이어서 다소 저평가되는 경향이 있긴 했다.

이어진 2006년 자국 월드컵에서 그는 다시 한번 5골을 넣으며 이번에는 골든슈(득점왕)를 차지했다. 특히 스웨덴과의 16강전에서 2도움을 기록했고, 아르헨티나와의 8강전에선 동점골을 넣으며 토너먼트에서도 강한 면모를 보였다. 그의 활약 덕분에 독일은 3위를 차지했다. 2010년 남아공 월드컵에서도 32세의 나이에 4골을 기록하며 브론즈슈(득점 3위)를 수상했다. 이 중 3골을 토너먼트에서 넣으며 팀의 3위 등극에 힘을 보탰다.

36세로 출전한 2014년 브라질 월드컵은 클로제에게 가장 의미 있는 대회였다. 2골을 추가하며 호나우두(15골)를 넘어 월드컵 통산 최다 골(16골) 신기록을 세웠다. 하지만 득점 기록보다 더 중요했던 건 바로 3번 연속 우승 문턱에서 좌절했던 그가 마침내 4번째 도전 끝에 우승 트로피를 들어 올렸다는 데에 있다.

분명 클로제는 동일 포지션 선수끼리만 비교해도 당대 최고의 선수는 아니었다. 같은 시기 그보다 뛰어난 공격수는 여럿 있었다. 그러나 그는 특유의 성실성과 부단한 노력으로 나이를 먹어도 기량이 떨어지지 않았고, 결국 월드컵 최다 득점과 우승이라는 두 업적을 모두 이뤄냈다.

월드컵 통산 16골의
신기록 보유자인 클로제는
2002년 한일 월드컵 데뷔부터 골잡이로
감동을 주었다. 부단한 노력과 성실성으로
대기만성의 표본이 된 선수이다.

10

리오넬 메시 / 아르헨티나

Lionel Messi

리오넬 메시는 2006년, 2010년, 2014년, 2018년, 2022년 총 5번의 월드컵에 출전하며, 아르헨티나를 넘어 세계 축구 역사상 가장 위대한 선수로 자리매김했다. 그의 월드컵 여정은 수차례의 좌절과 마침내 손에 넣은 영광이 교차하는 감동의 드라마였다.

18세로 참가한 2006년 독일 월드컵에서 메시는 조별리그 2차전 세르비아전에서 후반 30분경 교체 출전해 1골 1도움을 기록하며 화려한 월드컵 데뷔전을 치렀다. 그 순간 그의 재능이 전 세계에 알려졌다. 그러나 아르헨티나는 8강에서 독일에 승부차기 끝에 패했고, 메시는 벤치에서 팀의 탈락을 지켜봐야 했다.

2010년 남아프리카공화국 월드컵에서는 22세의 메시가 팀의 주축으로 나섰지만, 디에고 마라도나 감독의 전술적 한계로 인해 아르헨티나는 8강에서 독일에 0-4로 완패하며 또다시 좌절했다.

전성기인 26세에 참가한 2014년 브라질 월드컵은 메시에게 가장 아픈 기억으로 남았다. 그는 4골 1도움으로 아르헨티나를 24년 만에 결승으로 이끌었고, 골든볼(대회 MVP)을 수상했다. 그러나 독일과의 결승에서 연장전까지 120분을 풀로 뛰며 맹활약했음에도 0-1로 패해 준우승에 머물렀다. 이로써 아르헨티나는 3개 대회 연속 독일에 발목을 잡혔다.

2018년 러시아 월드컵에서도 아쉬움은 이어졌다. 프랑스와의 16강전에서 메시는 2도움을 기록했지만, 팀은 3-4로 패하며 월드컵 참가 이래 가장 이른 탈락을 경험했다. 34세로 출전한 2022년 카타르 월드컵에서 메시는 마침내 꿈을 실현했다. 7골 3도움으로 아르헨티나에 36년 만의 월드컵 우승을 안겼고, 골든볼을 역대 최초로 2회 수상하는 영예를 누렸다. 특히 프랑스와의 결승전에서는 2골을 기록, 3-3 무승부 후 승부차기 끝에 승리를 했다.

메시는 월드컵 통산 26경기 출전으로 최다 출전 기록을 보유하고 있으며, 13골 8도움으로 21개의 공격 포인트를 기록했다. 무엇보다도 숙원이었던 월드컵 우승 트로피를 들어올리며 축구 역사에 길이 남을 업적을 세웠다. 이제 그는 2026년 월드컵에서 역대 최초 6개 대회 출전과 개인 통산 월드컵 최다 골 기록(16골)에 도전하지만, 이와 관계없이 이미 월드컵 역사가 되었다.

세계에서 가장 위대한 선수 중 한 명인 메시.
18세에 참가한 독일 월드컵에서
재능을 알렸고, 34세에 출전한
카타르 월드컵에서 조국에 36년 만의
우승컵을 안겼다.

초판 1쇄 발행 │ 2025년 9월 30일
초판 2쇄 발행 │ 2026년 1월 16일

글 │ 김현민 이용훈 김민곤 김영훈 김정용
사진 │ ⓒGetty Images

펴낸이 │ 신난향
편집위원 │ 박영배
펴낸곳 │ (주)맥스교육(맥스미디어)
출판등록 │ 2011년 8월 17일(제2022-000038호)
주소 │ 경기도 성남시 분당구 운중로 142, 903호(운중동, 판교메디칼타워)
대표전화 │ 02-589-5133   **팩스** │ 02-589-5088
홈페이지 │ www.maksmedia.co.kr
편집 및 마케팅 │ 배정아, 김소연
디자인 │ 홍은정
경영지원 │ 박윤정

ISBN 979-11-5571-782-0

＊이 책의 내용을 일부 또는 전부를 재사용하려면 반드시 (주)맥스교육(맥스미디어)의 동의를 얻어야 합니다.
＊잘못된 책은 구입한 곳에서 바꾸어 드립니다.

어린이제품안전특별법에 의한 제품 표시
제조자명 (주)맥스교육(상수리) │ 제조국 대한민국 │ 제조년월 2025년 9월 │ 사용연령 만 5세 이상 어린이 제품